विचार - शतक

100 विचारों पर 100 कविताएं

डॉ मुकेश अग्रवाल

अनुक्रम

मन की बात   8

भाग 1: अस्तित्व और आत्मा   (10-21)

1. आत्मा (The Soul)   11
2. ईश्वर (God)   12
3. अस्तित्व (Being)   13
4. जीवन (Life)   14
5. मृत्यु (Death)   15
6. अनंत (Infinity)   16
7. ब्रह्मांड (The Universe)   17
8. चेतना (Consciousness)   18
9. उद्देश्य (Purpose of Life)   19
10. रहस्य (Mystery)   20

भाग 2: मूल्य और नैतिकता   (21-31)

11. स्वतंत्रता (Freedom)   22
12. न्याय (Justice)   23
13. समानता (Equality)   24
14. अधिकार (Rights)   25
15. नैतिकता (Morality)   26
16. साहस (Courage)   27
17. करुणा (Compassion)   28
18. सद्गुण (Virtue)   29
19. कर्तव्य (Duty)   30
20. आदर्श (Ideal)   31

भाग 3: प्रेम और मानवीय भावनाएँ   (32-41)

21. प्रेम (Love)   33
22. दोस्ती (Friendship)   34
23. खुशी (Happiness)   35
24. दुःख (Sorrow)   36
25. करुणा (Empathy)   37
26. उम्मीद (Hope)   38
27. घृणा (Hatred)   39
28. सौंदर्य (Beauty)   40
29. विश्वास (Trust)   41
30. आत्मविश्वास (Self-Confidence)   42

भाग 4: ज्ञान और बोध   (43-53)

31. ज्ञान (Knowledge)   44
32. शिक्षा (Education)   45
33. विज्ञान (Science)   46
34. तर्क (Reason)   47
35. सत्य (Truth)   48
36. कल्पना (Imagination)   49
37. बुद्धिमत्ता (Wisdom)   50
38. समय (Time)   51
39. अज्ञान (Ignorance)   52
40. शोध (Inquiry)   53

भाग 5: समाज और संस्कृति   (54-64)

41. समाज (Society)   55
42. संस्कृति (Culture)   56
43. परंपरा (Tradition)   57
44. राजनीति (Politics)   58

45. धर्म (Religion)   59

46. न्यायपालिका (Law)   60

47. क्रांति (Revolution)   61

48. नेतृत्व (Leadership)   62

49. शिक्षा व्यवस्था (Education System)   63

50. वैश्विकता (Globalism)   64

भाग 6: संघर्ष और परिवर्तन   (65-66)

51. संघर्ष (Struggle)   66

52. परिवर्तन (Change)   67

53. प्रगति (Progress)   68

54. सफलता (Success)   69

55. असफलता (Failure)   70

56. मेहनत (Hard Work)   71

57. आत्मनिर्भरता (Self-Reliance)   72

58. सपने (Dreams)   73

59. प्रेरणा (Inspiration)   74

60. साहसिकता (Adventure)   75

भाग 7: आध्यात्म और आंतरिक शांति   (76-85)

61. ध्यान (Meditation)   77

62. शांति (Peace)   78

63. आध्यात्म (Spirituality)   79

64. विनम्रता (Humility)   80

65. संतोष (Contentment)   81

66. विश्वास (Faith)   82

67. त्याग (Sacrifice)   83

68. माफी (Forgiveness)   84

69. आभार (Gratitude)   85

70. समाधि (Enlightenment)   86

भाग 8: प्रकृति और पर्यावरण   (87-97)

71. प्रकृति (Nature)   88
72. पर्यावरण (Environment)   89
73. धरती (Earth)   90
74. जल (Water)   91
75. वायु (Air)   92
76. आग (Fire)   93
77. पेड़ (Trees)   94
78. पशु (Animals)   95
79. ऋतुएँ (Seasons)   96
80. पर्यावरण संरक्षण (Sustainability)   97

भाग 9: मनोविज्ञान और मानव चेतना   (98-108)

81. मन (Mind)   99
82. इच्छाएँ (Desires)   100
83. आदतें (Habits)   101
84. मानसिकता (Mindset)   102
85. तनाव (Stress)   103
86. भावनाएं (Emotions)   104
87. इच्छाशक्ति (Willpower)   105
88. आत्म-विश्लेषण (Self-Reflection)   106
89. रचनात्मकता (Creativity)   107
90. भावनात्मक बुद्धिमत्ता (Emotional Intelligence)   108

भाग 10: मानवता और भविष्य   (109-119)

91. मानवता (Humanity)   110
92. तकनीकी विकास (Technological Advancement)   111
93. सामाजिक सुधार (Social Reform)   112
94. भविष्य (Future)   113

95. यूटोपिया (Utopia) 114
96. संघर्ष और समाधान (Conflict and Resolution) 115
97. वैश्विक शांति (World Peace) 116
98. प्रेम का विस्तार (Expansion of Love) 117
99. स्थिरता (Stability) 118
100. नई शुरुआत (New Beginnings) 119

मन की बात

विचार मनुष्य की सबसे अनमोल देन है। यही वह शक्ति है, जो एक साधारण व्यक्ति को असाधारण बना देती है। विचार केवल मस्तिष्क की उपज नहीं, बल्कि आत्मा का स्पंदन भी है। यह जीवन के हर पहलू को छूता है–अस्तित्व से लेकर अमरत्व तक, प्रेम से लेकर संघर्ष तक, और प्रकृति से लेकर मानवता तक। 'विचार-शतक: 100 विचारों पर 100 कविताएं' इसी विचार की अनंत संभावनाओं का एक काव्यात्मक उत्सव है।

इस संग्रह की हर कविता एक विचार का रूपांतरण है, एक दृष्टिकोण का विस्तार है। जब विचार कविता बनते हैं, तो वे न केवल समझे जाते हैं, बल्कि महसूस भी किए जाते हैं। यह संग्रह आपको सोचने, समझने और आत्म-विश्लेषण करने का अवसर प्रदान करेगा।

इस पुस्तक को 10 भागों में विभाजित किया गया है, जो जीवन के अलग-अलग पहलुओं का प्रतिनिधित्व करते हैं। अस्तित्व और आत्मा हमें जीवन के मूल प्रश्नों की ओर ले जाएगा। मूल्य और नैतिकता हमें आदर्श और समाज के प्रति हमारे दायित्वों की याद दिलाएगा। प्रेम और मानवीय भावनाएँ हमें रिश्तों की गहराइयों में ले जाएगा। ज्ञान और बोध तर्क और कल्पना के बीच के सेतु को उजागर करेगा।

इसके साथ ही, समाज और संस्कृति, संघर्ष और परिवर्तन, और प्रकृति और पर्यावरण जैसे विषय वर्तमान और भविष्य की चुनौतियों को छूते हैं। आध्यात्म और आंतरिक शांति हमें आत्मा की गहराइयों तक ले जाती है। मनोविज्ञान और मानव चेतना मस्तिष्क और मन के रहस्यों को उजागर करती है। और अंत में, मानवता और भविष्य हमें यह सोचने पर विवश करती है कि हम अपने भविष्य को कैसा देखना चाहते हैं।

यह पुस्तक केवल एक संग्रह नहीं, बल्कि एक यात्रा है–मन, आत्मा, और विचारों की यात्रा। इसका हर शब्द आपको सोचने पर मजबूर करेगा, हर कविता आपको जीवन के किसी न किसी पहलू से जोड़ देगी। यह आपको आपकी आत्मा के करीब लाने का प्रयास है, क्योंकि जब तक

मनुष्य अपने विचारों को नहीं समझता, तब तक वह अपने जीवन का सार भी नहीं समझ पाता।

तो आइए, इस काव्य यात्रा में कदम रखें और विचारों के इन शतकों के माध्यम से अपने भीतर झांकने का प्रयास करें। यह पुस्तक आपके मन के द्वार खटखटाएगी, और आपकी आत्मा के साथ संवाद करेगी।

डॉ. मुकेश अग्रवाल

भाग 1

अस्तित्व और आत्मा

आत्मा

अस्तित्व के छायादार कोने में बसी,
कभी चुप, कभी गूंजती हुई,
हमारे भीतर की एक अदृश्य शक्ति।
न कोई सीमा, न कोई स्थान,
यह निरंतर बदलती है, फिर भी स्थिर रहती है।

सांसों की लय में, विचारों के अंधेरे में,
यह छुपी रहती है, एक शांतिपूर्ण संगीत की तरह।
कभी इन्द्रधनुष की रंगीन रेखाओं में,
कभी निर्जन रात्रि की शांति में।

नहीं कोई छवि, न कोई पहचान,
फिर भी हर रूप में इसकी छाया होती है।
यह न जन्मती है, न मरती है,
बस अस्तित्व के विस्तार में निरंतर रहती है।

यह आत्मा है, जो कभी लुप्त नहीं होती,
निष्ठा और प्रेम में सजीव होती है।
समय से परे, स्थान से स्वतंत्र,
यह हमारे भीतर का अनंत सत्य है।

ईश्वर

शून्य में फैला एक अनाम स्पर्श,
न ध्वनि, न रूप, पर हर कण में उपस्थित।
जो हर पल में है, और हर पल से परे,
जो हमारे भीतर है, और बाहर भी।

ईश्वर, कोई मूर्ति नहीं, कोई आकार नहीं,
वह एक अनुभूति है, श्वास की गहराई में।
कोई उत्तर नहीं, बस अनगिनत प्रश्नों का स्रोत,
एक असीम विस्तार, जहां शब्द समाप्त हो जाते हैं।

वह न तो प्रकाश है, न अंधकार,
पर दोनों का आधार है।
न तो कर्मों का न्यायाधीश,
न ही पुरस्कार या दंड का स्वामी।

ईश्वर, बस एक मौन उपस्थित,
जो जीवन और मृत्यु के पार है।
जो हमें जोड़ता है,
उस अनदेखे, अनजाने सत्य से।

अस्तित्व

अस्तित्व एक प्रश्न है,
जिसका उत्तर खोजता हर जीव।
धड़कनों के बीच छिपा वह सत्य,
जो समय के साथ धुंधला नहीं होता।

न शुरुआत, न अंत,
बस एक प्रवाह, अनवरत।
न नाम की सीमा, न पहचान की बंदिश,
यह केवल अनुभव है, और कुछ नहीं।

हम देखते हैं इसे धरती की हर नस में,
आकाश के हर विस्तार में।
यह वह मौन है,
जो हर शब्द के पीछे गूंजता है।

अस्तित्व, एक पल की चेतना,
जो अनंत में बिखर जाती है।
और फिर से जन्म लेती है,
एक नई कहानी, एक नई यात्रा।

जीवन

जीवन, एक बहती नदी की तरह,
जिसे न दिशा का भय है, न अंत का पता।
हर मोड़ पर नए प्रश्न,
हर मोड़ पर नए उत्तर।

यह एक यात्रा है,
जहां कदम खुद अपना रास्ता बनाते हैं।
सुख और दुख,
जैसे बादल और धूप–
हर पल बदलते,
फिर भी साथ चलते।

उद्देश्य, वह दीपक है
जो अंधेरे में भी राह दिखाता है।
लेकिन क्या जीवन का अर्थ
सिर्फ मंजिल तक पहुंचने में है?
या उस हर कदम में,
जहां हम सांस लेते हैं,
जहां हम जीते हैं?

समय का पल–वर्तमान,
जो हमारे हाथों में है।
भूत के अफसोस और
भविष्य के भय को पीछे छोड़,
क्या हम जी सकते हैं
सिर्फ इस पल में?

जीवन, कोई समापन नहीं,
कोई विराम नहीं।
यह एक कविता है,
जिसे हर दिन, हर क्षण,
हम लिखते जाते हैं।

मृत्यु

मृत्यु, एक द्वार है,
जिसके पार छिपा है अज्ञात का आलिंगन।
न अंत, न विराम,
बस एक यात्रा का नया मोड़।

जीवन से परे,
यह शून्य का संगीत है।
हर श्वास के भीतर छुपी एक पुकार,
जो अस्तित्व के रहस्य को थामे है।

मृत्यु, कोई शत्रु नहीं,
यह तो समय की एक शांत नदी है।
जो सब कुछ बहा ले जाती है,
फिर भी सब कुछ यहीं छोड़ देती है।

यह डर नहीं, बल्कि मुक्तता है,
जिसमें हम खो देते हैं स्वयं को।
और पा लेते हैं वह शांति,
जिसे जीवन कभी छू नहीं सका।

अनंत

अनंत, एक विस्तार है,
जो न शुरू होता है, न खत्म।
यह आकाश के उस कोने में है,
जहां दृष्टि ठहरने से इनकार करती है।

यह समय की एक धड़कन है,
जो हर क्षण को अमर बना देती है।
हर सीमा के पार,
यह वह मौन है, जो सबकुछ कहता है।

अनंत, न संख्या है, न आकार,
यह तो केवल अनुभव है।
एक ऐसा शून्य,
जो सबकुछ समेटे हुए है।

हम इसे पकड़ नहीं सकते,
पर इसकी गहराई में डूब सकते हैं।
यह जीवन और मृत्यु से परे,
सत्य का एक अटूट स्वरूप है।

ब्रह्मांड

ब्रह्मांड, एक गूंज है,
जो शून्य से उपजी और अनंत तक फैली।
यह तारों का नृत्य है,
और अंधकार का मधुर आलिंगन।

हर कण में छिपा एक रहस्य,
जो खोजने पर भी अधूरा ही रहता है।
यह प्रकाश और छाया का संगम,
जहां जीवन और मृत्यु मिलते हैं।

ब्रह्मांड, न तो केवल आकाशगंगा है,
न ही धरती का सीमित आंचल।
यह हर श्वास में बसा एक असीम आयाम है,
जो हमें खुद से जोड़ता है।

हम इसके अंश हैं,
और यह हमारी आत्मा का विस्तार।
यह एक प्रश्न है,
जिसका उत्तर केवल मौन में मिलता है।

चेतना

चेतना, एक प्रकाश की किरण,
जो अंधकार के बीच राह दिखाती है।
न शरीर, न मस्तिष्क,
यह तो आत्मा का एक सूक्ष्म स्पंदन है।

हर विचार, हर अनुभूति का आधार,
यह समय और स्थान से परे है।
न इसे देखा जा सकता है,
न छुआ जा सकता है, पर यह सब कुछ है।

चेतना, एक सागर है,
जिसकी गहराई में सब कुछ विलीन हो जाता है।
यह सृजन की शुरुआत है,
और विनाश का अंतिम प्रमाण।

हमारे भीतर की वह मौन पुकार,
जो अनंत से संवाद करती है।
यह जीवन की गति है,
और अस्तित्व का शाश्वत सत्य।

उद्देश्य

जीवन का उद्देश्य,
कोई लिखा हुआ उत्तर नहीं,
न पत्थर पर उकेरा गया संदेश,
यह तो हर हृदय में उठता एक प्रश्न है।

किसी के लिए प्रेम का विस्तार,
तो किसी के लिए स्वयं की खोज।
यह कभी कर्तव्य बनता है,
तो कभी इच्छाओं का मौन संघर्ष।

यह उन पगडंडियों पर है,
जो लक्ष्य से अधिक यात्रा पर केंद्रित हैं।
हर श्वास में छुपा एक नया अर्थ,
जो हमें निरंतर जागृत करता है।

जीवन का उद्देश्य,
कभी दूसरों के लिए दिया हुआ दीप,
तो कभी अपने भीतर की लौ का साक्षात्कार।
यह सृजन और संवेदना का अटूट संगम है।

रहस्य

रहस्य, एक मौन परदा,
जो सत्य को ओढ़े खड़ा है।
न देख सकते हैं, न छू सकते हैं,
यह तो केवल अनुभव से महसूस होता है।

हर प्रश्न के भीतर छिपा,
एक और गूढ़ प्रश्न।
जो उत्तर की तलाश में,
खुद को और उलझा देता है।

रहस्य, सृष्टि का आधार है,
हर कण में छुपा अनजाना सत्य।
यह भय भी है, और आकर्षण भी,
जो हमें अज्ञात की ओर खींचता है।

हम इसे समझने की कोशिश करते हैं,
पर यह हर बार पलायन कर जाता है।
यह जीवन का वह खेल है,
जिसका अंत कभी प्रकट नहीं होता।

भाग 2
मूल्य और नैतिकता

स्वतंत्रता

स्वतंत्रता, केवल बंधनों का टूटना नहीं,
यह आत्मा की उड़ान है, सीमाओं से परे।
यह विचारों का निर्बाध बहाव है,
जो पिंजरे में कैद चिड़िया को आसमान देता है।

यह वह दीप है, जो अंधेरों में भी जलता है,
आशा और अधिकारों का प्रतीक बनकर।
यह स्वीकृति है अपने अस्तित्व की,
दूसरों के अस्तित्व का सम्मान करते हुए।

स्वतंत्रता, सिर्फ शब्द नहीं,
यह संघर्ष है, रक्त से सींचा हुआ।
यह जिम्मेदारी है, अपने कंधों पर उठाने की,
दूसरों की स्वतंत्रता का भार भी।

यह अधिकार है, सोचने और चुनने का,
अपने निर्णयों की धुरी पर जीवन गढ़ने का।
यह सपनों का वह संसार है,
जहां डर के बिना हर ख्वाब उड़ान भरता है।

न्याय

न्याय, वह नायिका है जो बिना पक्षपाती के खड़ी होती है,
सभी को समान दृष्टि से देखती है।
यह न दीन-हीन का पक्ष लेता है,
न बलशाली के दबाव में झुकता है।

न्याय, वह हकीकत है जो छिपी हुई नहीं रहती,
यह समय के हर मोड़ पर उद्घाटित होती है।
यह न कोई परिभाषा है, न किसी किताब में बंधी,
यह हर विचार और हर क्रिया में जीवित रहती है।

न्याय, सच्चाई की खोज है,
जो अच्छाई को जिंदा रखता है, बुराई को मिटाता है।
यह किसी की निराशा का कारण नहीं,
बल्कि सभी के विश्वास का आधार बनता है।

न्याय, वह प्रकाश है जो अंधकार को दूर करता है,
यह केवल कानूनी नहीं, नैतिक जिम्मेदारी है।
यह वह स्वीकृति है जो मानवीय गरिमा का सम्मान करती है,
यह जीवन में शांति और संतुलन का मार्ग दिखाती है।

समानता

समानता, सरल विचार नहीं,
यह मानवीय अस्तित्व की अनिवार्य सच्चाई है।
यह न ऊंच-नीच में बंटी दुनिया से उपजी,
बल्कि सबको एक स्तर पर देखने की अनकही इच्छा है।

समानता वह शांति है जो हर दिल में गूंजती है,
यह अधिकारों का समान वितरण है, हर किसी के लिए।
यह न किसी का अधिकार छिनता है,
न किसी को दूसरों से ऊँचा कर देखता है।

यह न जाति, न धर्म, न रंग की दीवारों को मानता है,
यह केवल इंसानियत की आवाज है,
जो हर सृजन को उसी दृष्टि से देखता है,
जिससे हम सब एक हैं, समान।

समानता वह रास्ता है,
जो सभी को एक दिशा में, साथ चलने की प्रेरणा देता है।
यह केवल एक शब्द नहीं,
यह जीवन के हर पहलू में प्रकट होने वाला सत्य है।

अधिकार

अधिकार, वह आंतरिक शक्ति है
जो हमें जीवन के हर मोड़ पर खड़ा करती है,
यह स्वीकृति है हमारे अस्तित्व की, हमारी पहचान की।
यह केवल कागजों पर नहीं,
मन और आत्मा में अंकित होता है, गहरे से गहरे।

अधिकार वह नायक है जो किसी भी बेड़ियों को तोड़ता है,
यह हमें अपनी आवाज उठाने की स्वतंत्रता देता है।
यह किसी विशेष वर्ग का नहीं,
हर इंसान का जन्मसिद्ध अधिकार है, समान रूप से।

अधिकार, वह अधिकार नहीं जो किसी से छीना जाए,
यह उस सम्मान का प्रतीक है जो प्रत्येक को मिलने चाहिए।
यह न किसी की गुलामी का रूप है,
न किसी की नीचता का आधार बनता है।

यह जीवन के हर पहलू में प्रकट होता है,
हर व्यक्ति को अपनी सोच, अपने निर्णयों का अधिकार होता है।
अधिकार वह सौगात है,
जो हमें अपने सत्य को पहचानने और जीने का हक देती है।

नैतिकता

नैतिकता, वह अदृश्य बंधन है,
जो हमें सही और गलत के बीच का अंतर दिखाता है।
यह केवल आदर्शों का संग्रह नहीं,
बल्कि हर क्षण, हर निर्णय में जागरूकता की आवश्यकता है।

नैतिकता वह आंतरिक आवाज है,
जो हमें अपने कर्मों के परिणामों का अहसास कराती है।
यह न समय के अनुसार बदलती है,
न परिस्थितियों के दबाव में झुकती है।

नैतिकता, वह स्थिर दीवार है,
जिस पर हर व्यक्ति अपनी ईमानदारी और सत्यता का निर्माण करता है।
यह सिर्फ समाज के लिए नहीं,
स्वयं के लिए भी एक अनिवार्य कर्तव्य है।

नैतिकता, यह समझ है कि सभी को सम्मान दिया जाए,
और कभी अपने स्वार्थ के लिए किसी को नुकसान न पहुंचे।
यह केवल शब्दों में नहीं,
कर्मों में, दृष्टिकोण में, और जीवन के हर पहलू में बसती है।

साहस

साहस, वह दीप्ति है जो अंधकार में भी चमकती है,
यह न डर के खिलाफ लड़ाई है, न सुरक्षित रास्ते पर चलना।
यह उस आंतरिक शक्ति का आह्वान है,
जो हमें असंभव को संभव बनाने की प्रेरणा देती है।

साहस, वह निर्णय है जो असमंजस में उठता है,
यह उस क्षण का विश्वास है जब सभी उम्मीदें टूटती हैं।
यह न केवल बाहरी संघर्षों से जीत है,
बल्कि अपने भीतर के डर और शंका को पार करने की यात्रा है।

यह वह शक्ति है जो हमें गिरने पर उठाती है,
जो हमें खड़ा रखती है, जब सब कुछ हारता दिखाई दे।
साहस, यह किसी चमत्कारी शक्ति से नहीं,
बल्कि विश्वास और दृढ़ता से पैदा होता है।

यह न परिस्थितियों से डरता है, न असफलताओं से,
यह जीवन को अपनी शर्तों पर जीने का जज़्बा है।
साहस, वह अदृश्य धारा है,
जो हमें हर मुसीबत में भी खुद पर विश्वास करने की
ताकत देती है।

करुणा

करुणा, वह अनमोल धारा है जो दिल से निकलकर,
दूसरों के दर्द में समा जाती है।
यह न सहानुभूति है, न मात्र संवेदना,
यह एक गहरी समझ है, जो हर आत्मा में होती है।

करुणा वह स्पर्श है, जो किसी के आंसुओं को सूखा देता है,
यह केवल शब्दों से नहीं, बल्कि क्रियाओं से दिखती है।
यह किसी की पीड़ा में हिस्सेदार बनने की इच्छा है,
जो हर क्षण, हर परिस्थिति में जीवन को संजीवनी देती है।

करुणा न किसी सीमा में बंधती है, न पहचान से,
यह जाति, धर्म, रंग या रूप से परे होती है।
यह वह शक्ति है, जो संसार को जोड़ती है,
यह वह पुल है जो विभाजन को मिटाता है।

करुणा, एक भाषा है जिसे हर दिल समझता है,
यह न किसी पुरस्कार की मांग करती है,
बल्कि नि:स्वार्थ भाव से जीवन को उज्जवल बनाती है,
यह मानवता का सबसे शुद्ध रूप है, जिसे जीने की आवश्यकता है।

सद्गुण

सद्गुण, वह मृदु आकाश है जिसमें
नन्हे बादल भी साफ़ दिखाई देते हैं,
यह न दिखावा है, न सामाजिक दायित्वों का बोझ।
यह भीतर से उत्पन्न होने वाली शांति है,
जो हर काम में एक गहरी सच्चाई को समाहित करती है।

सद्गुण, वह स्नेह है जो समय की परतों से परे होता है,
यह केवल शिष्टाचार नहीं, बल्कि आत्मा की उन्नति है।
यह जब आत्मा की धारा से जुड़ता है,
तो हर कर्म में एक अनकही गरिमा का प्रतिबिंब होता है।

यह न पुरस्कार की तलाश करता है, न मान्यता की,
यह केवल अपने अस्तित्व के उद्देश्य से प्रेरित होता है।
सद्गुण, वह दीपक है जो किसी भी अंधकार में जलता है,
यह सच्चाई, ईमानदारी, और तप की
अग्नि को अपने भीतर जलाए रखता है।

यह हर परिस्थिति में सत्य बोलने का साहस देता है,
यह किसी को नीचा दिखाए बिना ऊँचा उठने का मार्ग दिखाता है।
सद्गुण, वह अपूर्व गहना है,
जो पहनने से व्यक्ति और समाज दोनों ही संपूर्ण होते हैं।

कर्तव्य

कर्तव्य, वह आदर्श है जो मन में गूंजता है,
जो हर परिस्थिति में हमें सही राह पर चलने की प्रेरणा देता है।
यह केवल एक जिम्मेदारी नहीं,
बल्कि आस्था और विश्वास का प्रतिबिंब है।

कर्तव्य वह धारा है, जो हमें अपने अस्तित्व से जोड़ती है,
यह न किसी पर निर्भर करता है, न किसी से भागता है।
यह आत्मनिर्भरता की खोज है,
जो हमें अपनी क्रियाओं का परिणाम भुगतने की शक्ति देती है।

कर्तव्य, वह सचेतन शक्ति है,
जो हमें अपने समाज, अपने परिवार,
और स्वयं के प्रति उत्तरदायी बनाती है।
यह उस आंतरिक जागरूकता का प्रतीक है,
जो हमें हर कर्म को उचित और ईमानदारी से
 निभाने का अहसास कराती है।

यह न केवल सही निर्णय लेने का नाम है,
बल्कि उन्हें पूरी निष्ठा और सच्चाई से निभाने की प्रतिबद्धता है।
कर्तव्य, वह अलोकिक बंधन है,
जो हमें अपने कर्तव्यों से विमुख नहीं होने देता,
यह जीवन की दिशा और उद्देश्य को स्पष्ट करता है।

आदर्श

आदर्श, वह छाया है जो हमें हमारे सर्वोत्तम रूप में ढालती है,
यह एक ऊँचा सपना नहीं, बल्कि एक जीता-जागता मार्ग है।
यह केवल आकांक्षा नहीं, बल्कि आंतरिक शक्ति का स्रोत है,
जो हमें हर कदम पर आगे बढ़ने का साहस देता है।

आदर्श वह दीवार है, जिस पर हर व्यक्ति अपने मूल्य लिखता है,
यह आत्मा का प्रतिबिंब है, जो कभी धुंधला नहीं होता।
यह न केवल बाहरी सफलता की ओर ले जाता है,
बल्कि हमें भीतर से भी सशक्त करता है, पूर्ण बनाता है।

आदर्श वह नाव है, जो समुद्र की हर लहर को पार कर जाती है,
यह किसी अन्य के आदर्श से नहीं,
बल्कि अपनी सच्चाई और ईमानदारी से उत्पन्न होता है।

यह उस छवि का निर्माण करता है,
जो हमें अपने कर्मों, विचारों और सिद्धांतों से पहचान दिलाती है।
आदर्श, वह दिव्य आकाश है,
जिसमें हर व्यक्ति अपने जीवन की उड़ान भरता है,
यह केवल सपने नहीं, बल्कि जीवित उद्देश्यों का प्रतीक है।

भाग 3
प्रेम और मानवीय भावनाएँ

प्रेम

प्रेम, एक अग्नि की लपट है,
जो बिना शब्दों के जलती है।
यह एक अनकहा सा अहसास है,
जो हर दिल में छुपा रहता है।

न तो यह किसी रूप में बंधता है,
न किसी समय में ठहरता है।
यह वह गंध है जो हवा में बसती है,
और हर पल में खुद को महसूस होती है।

यह नायक नहीं, बस एक साथी है,
जो हर मुश्किल में साथ चलता है।
इसी के सहारे जीवन की राह,
मन को शांति और बल देती है।

प्रेम न कोई रिश्ता है, न कोई बंधन,
यह तो उस अनंत शक्ति का विस्तार है।
जो सबको एक करता है, बिना किसी शर्त के,
मनुष्य को उसकी पूरी अस्मिता की पहचान देता है।

दोस्ती

दोस्ती
जैसे सुबह की पहली किरण,
जो अंधेरे को चीरकर
मन के कोनों में उजाला भर देती है।

दोस्ती,
जैसे नदी का अनजान किनारा,
जहां कोई नाम नहीं,
सिर्फ एक एहसास होता है।

दोस्ती,
जैसे बारिश की पहली बूँद,
जो सूखी जमीन पर गिरते ही
अपनी खुशबू बिखेर देती है।

दोस्ती,
कोई रिश्ता नहीं,
फिर भी सबसे गहरा बंधन है।
यह वह धागा है,
जो टूटकर भी कभी टूटता नहीं।

दोस्ती,
सिर्फ एक शब्द नहीं,
यह तो जीवन का वह रंग है,
जिससे हर लम्हा
इंद्रधनुष बन जाता है।

खुशी

खुशी, वह क्षण है जो दिल में बसी,
जैसे चाँद की रौशनी रातों में झिलमिलाती है।
यह न धन से मिलती है, न किसी वस्तु से,
यह तो उस आत्मा का आनंद है, जो भीतर से खिलती है।

खुशी न तात्कालिक है, न अस्थायी,
यह एक स्थिर अहसास है, जो समय के साथ बढ़ता है।
यह एक मुस्कान है, जो चेहरे से बाहर आती है,
और दिल के गहरे कोने में घर कर जाती है।

यह तब होती है जब दिल सच्चा होता है,
जब किसी को बिना शर्त प्यार दिया जाता है।
यह न किसी बाहरी वस्तु से आती है,
बल्कि अंदर की शांति से, सच्ची संतुष्टि से।

खुशी है वह सूरज, जो अंधेरे में चमकता है,
वह हवा, जो दिल को ताजगी देती है।
यह हर उस पल में बसी रहती है,
जहाँ हम अपने होने को महसूस करते हैं।

दुःख

दुःख, कठोर आंधी की तरह आता है,
जो रेत की तरह सबकुछ बिखेर जाता है।
यह न तो आवाज़ करता है, न ही दिखता है,
बस धीरे-धीरे दिल में समा जाता है।

यह आँसू नहीं, दिल की गहरी चुप्पी है,
जो सघन अंधेरे में सबकुछ छिपा लेती है।
कभी किसी की दूरी, कभी किसी का खो जाना,
दुःख कभी न किसी से पूछता, बस आ जाता है।

यह नहीं कोई शत्रु, न कोई विद्रोह,
जीवन का वह हिस्सा है, जो कभी नही छोड़ता
यह सिखाता है हमें सहनशीलता, आत्मबल,
कि कैसे हर दर्द को धैर्य से हराएं।

दुःख एक परिवर्तन भी लाता है,
यह जीवन को एक नई दिशा दिखाता है।
यह उम्मीद की किरण को और चमकाता है,
और हमें खुद को फिर से ढूँढ़ने की राह दिखाता है।

दया

दया, एक हल्की सी छाँव है,
जो जीवन की तपती धूप में ठंडक बन जाती है।
यह न किसी स्वार्थ से जुड़ी होती है,
न किसी पुरस्कार की इच्छा से।

यह वह एहसास है, जो दिल को नर्म करता है,
यह कड़वाहट को मिठास में बदल देता है।
दया वही शक्ति है, जो किसी के आंसू पोंछती है,
और दिलों को एक नई उम्मीद देती है।

यह किसी के दुखों में साझा दर्द है,
जब शब्द नहीं, तो आहिस्ता से हाथ बढ़ा देती है।
यह न दिखावा है, न कोई दिखावा,
बस आत्मा का एक निर्मल, सच्चा भाव है।

दया की मूरत नहीं होती,
यह तो हर छोटे-से काम में बसी होती है।
जब किसी की मदद की जाती है बिना सवाल किए,
तब सच्ची दया खुद को प्रकट करती है।

उम्मीद

उम्मीद, वह छोटी सी रौशनी है,
जो अंधेरे में भी चमकती रहती है।
यह न जादू है, न कोई अपेक्षा
बस दिल में विश्वास का एक गहरा अहसास है।

यह गिरते वक्त को उठने का हौसला देती है,
हर टूटे हुए सपने को फिर से जोड़ देती है।
यह किसी तकलीफ में भी मुस्कान का रंग भरती है,
और हर कठिन रास्ते को आसान बना देती है।

उम्मीद वह आकाश है, जो बादलों के पार छुपी होती है,
हर बारिश के बाद नये सूरज की उम्मीद रखता है।
यह वही शक्ति है जो हार को जीत में बदल देती है,
और थक कर भी नए कदम बढ़ाने की राह दिखाती है।

उम्मीद कभी खत्म नहीं होती,
यह बस कभी धुंधली, कभी तेज़ होती है।
यह एक आंतरिक दीपक है, जो बुझता नहीं,
बस हर वक्त दिल को रोशन करता रहता है।

घृणा

घृणा, वह काली छाया है,
जो दिल की शांति को निगल जाती है।
यह न कोई दर्द है, न कोई आंसू,
बस एक विषैली भावना है, जो मन को बर्बाद करती है।

यह उस दरार की तरह है,
जो रिश्तों को तोड़ देती है, बिना आवाज़ के।
घृणा कभी नहीं समझाती, बस मिटा देती है,
जो भी सुंदर था, उसे धुंधला कर देती है।

यह न समझ की कमी है, न विचार का अभाव,
यह तो अंधेरे में खो जाने की आदत है।
कभी किसी के शब्दों से, कभी किसी के कर्मों से,
यह दिल में घर बना लेती है, फिर उसे जलाकर राख बना देती है।

लेकिन घृणा कभी समाधान नहीं बनती,
यह सिर्फ और अधिक विभाजन लाती है।
यह तभी मिट सकती है, जब हम प्यार और समझ से काम लें,
क्योंकि घृणा केवल हमें अंधेरे में ले जाती है, और प्यार हमें रोशनी की ओर।

सौंदर्य

सौंदर्य, वह अनदेखी छाप है,
जो केवल आँखों से नहीं, दिल से महसूस होती है।
यह न सिर्फ रूप-रंग में बसा होता है,
बल्कि आत्मा की गहराई से निकलकर चमकता है।

यह फूलों की महक नहीं,
बल्कि एक मुस्कान की सरलता है।
सौंदर्य वह प्रकाश है जो अंधेरे में भी झलकता है,
वह गीत है जो चुप रहने पर भी गूंजता है।

यह कभी बाहरी आभूषणों में नहीं,
बल्कि एक सच्चे हृदय की कोमलता में बसा होता है।
सौंदर्य वह शक्ति है जो किसी को भी मोहित कर लेता है,
लेकिन यह अंदर से बाहर की ओर फैलता है, सच्चे प्रेम और भावना से।

यह हर रूप में अलग-अलग होता है,
कभी एक सादगी में, कभी एक अपूर्वता में।
सौंदर्य है वह अदृश्य रेखा,
जो दिलों को जोड़ती है, दुनिया को सुंदर बनाती है।

विश्वास

विश्वास, वह नज़रिया है जो आँखों से नहीं,
दिल से महसूस होता है।
यह एक नर्म, सशक्त धागा है,
जो दो दिलों को बिना शर्त जोड़ता है।

यह किसी का हाथ थामने जैसा है,
जब अंधेरे में उम्मीद की कोई किरण नहीं होती।
विश्वास वह दीपक है जो बुझता नहीं,
सिर्फ जीवन के हर मोड़ पर और अधिक जलता है।

यह सच्चाई की तलाश नहीं,
बल्कि उस सच्चाई पर आधारित होता है,
जिस पर बिना देखे विश्वास किया जाता है।
यह टूटने पर भी फिर से जुड़ सकता है,
क्योंकि इसमें जो शक्ति है, वह दिलों की गहराई में बसी रहती है।

विश्वास कभी किसी पर दबाव नहीं डालता,
यह बस अपनी जगह पर स्थिर रहता है।
यह एक संगठित ढाँचा है, जो हर चुनौती में मजबूत बनाता है,
जब विश्वास होता है, तो दुनिया की कोई दीवार नहीं हमें रोक सकती।

आत्मविश्वास

भीतर जलती हुई एक अग्नि,
जो हर अंधकार को चीरती है,
अनसुने स्वरों में गूँजती हुई
एक दृढ़ता, अडिग, अडोल।

न किसी और की मंजूरी की चाह,
न बाहरी प्रशंसा का इंतजार,
बस स्वयं के प्रति
एक अटूट विश्वास।

डगमगाते कदमों में भी
एक अनदेखा बल,
जो हर असंभव को
संभव बना देता है।

यह कोई शोर नहीं,
यह एक गहन मौन है,
जो भीतर से पुकारता है,
"तू कर सकता है, तू कर जाएगा।"

भाग 4
ज्ञान और बोध

ज्ञान

ज्ञान वह दीप है, जो अंधेरे में चमकता है,

वह मार्गदर्शक, जो हर कदम पर साथ चलता है।

अर्थ की खोज में, हम गोते लगाते हैं,

क्यो कि सच्चाई के मोती, अक्सर गहरे होते हैं।

ज्ञान न कुछ सीमित, न बंधा हुआ है,

वह आकाश सा विशाल, समय से अज्ञेय है।

हर विचार में विस्तार, हर दृष्टि में परिवर्तन,

यह जीवन को देता है एक नया आयाम, एक नूतन संवेदना।

ज्ञान की जड़ें गहरी होती हैं मन में,

यह सागर की तरह उमड़ता है भीतर से।

हर सवाल में एक उत्तर छिपा होता है,

जो ढूंढे उसे, वही जीवन में एक नया प्रकाश पाता है।

शिक्षा

शिक्षा एक आशीर्वाद है, जो मन के बंद द्वार खोलती है,

वह एक बीज है, जो जीवन के हर क्षेत्र में फलता है।

यह एक नदी की तरह बहती है, हर पथ को शुद्ध करती,

यह हर क्षण में बदलती है, हर विचार को नया अर्थ देती।

शिक्षा का कोई अंत नहीं, यह निरंतर बढ़ती जाती है,

हर अनुभव, हर गलती, इसका हिस्सा बन जाती है।

यह केवल पुस्तकों तक सीमित नहीं,

यह हर क्रिया, हर जीवन से जुड़ी होती है।

शिक्षा का असली रूप वही है, जो मनुष्य को जागरूक बनाए,

जो उसे समझने और समझाने की शक्ति दे।

यह अंधकार से प्रकाश की ओर बढ़ता कदम है,

जो हर व्यक्ति को उसकी असली पहचान तक पहुंचाता है।

विज्ञान

विज्ञान एक प्रकाश है, जो अंधकार को भेदता है,
यहएक यात्रा है, जो अनजानी राहों को खोलती है।
यह खोज नहीं थमती, निरंतर चलती रहती है,
हर सवाल में नया संसार बिखेरती है।

यह प्रकृति के नियमों को समझने की कला है,
हर तत्व, हर कण में रहस्य को ढूंढने की धारा है।
विज्ञान कभी स्थिर नहीं, यह हमेशा गतिशील रहता है,
हर खोज, हर अन्वेषण में एक नया विश्व रचता है।

यह मनुष्य को आकाश से पृथ्वी तक जोड़ता है,
यह ज्ञान की सीमाओं को लांघकर अनंत तक पहुंचता है।
विज्ञान केवल शब्दों का नहीं, अनुभव का गहरा रूप है,
जो जीवन को न केवल समझता, बल्कि सुधारता भी है।

तर्क

तर्क वह बुनियाद है, जिस पर हर विचार खड़ा होता है,
यह निहित सत्य को खोजने का सरल रास्ता होता है।
न कोई भ्रम, न कोई मनमानी,
यह केवल ठोस प्रमाणों से रास्ता दिखाती है।

जब हर मन में शंका हो, तर्क ही उसे दूर करता है,
यह दिल और दिमाग के बीच पुल बनाता है।
हर बात को समझने का तरीका है तर्क,
जो किसी भी अंधेरे में रोशनी भरता है।

यह केवल सिद्धांत नहीं, जीवन के हर कदम में शामिल है,
हर निर्णय, हर समझ में इसका असर होता है।
तर्क से सशक्त होती है सोच की शक्ति,
जो सच्चाई तक पहुंचने का एकमात्र माध्यम बनती है।

सत्य

सत्य वह चिरंतन प्रकाश है, जो कभी मंद नहीं पड़ता,

वह स्थिर, अडिग, नित नई राहें दिखाता है।

यह समय के साथ नहीं बदलता,

हर काल में, हर युग में वही रहता है।

सत्य को ढूंढने का कोई एक रास्ता नहीं,

यह हर व्यक्ति, हर दृष्टि में नया रूप लेता है।

कभी सीधा, कभी जटिल, पर हमेशा स्पष्ट,

यह चुपचाप, मगर गहरी सच्चाई को उजागर करता है।

सत्य वह गहरी गूंज है, जो भीतर तक पहुंचती है,

वह भ्रम और माया को एक पल में दूर करती है।

यह किसी एक विचार, किसी एक रूप में नहीं बंधता,

वह समग्रता में समाहित, हर जगह विद्यमान होता है।

कल्पना

कल्पना वह पंख है, जो मनुष्य को आकाश तक उड़ाती है,

यह असीमित, अनमोल, अनदेखे संसारों में ले जाती है।

वह शक्ति, जो सीमाओं को तोड़कर नये आकार गढ़ती है,

यह विचारों को रूप देती है, और यथार्थ से परे जाती है।

कल्पना एक कविता की तरह अनकही,

यह स्वयं में एक विस्तृत ब्रह्मांड बनाती है।

यह समय और स्थान की सीमाओं को पार करती है,

सपनों में रंग भरकर उन्हें जीवन देती है।

कल्पना से ही दुनिया के नए मार्ग बनते हैं,

यही वह शक्ति है, जो विज्ञान और कला को जोड़ती है।

यह न केवल वर्तमान को बदलती है,

बल्कि भविष्य को भी आकार देती है।

बुद्धिमत्ता

बुद्धिमत्ता एक शांत, स्थिर धारा है,

जो जीवन के तूफानों में भी अपना रास्ता बनाती है।

यह केवल ज्ञान का संग्रह नहीं,

यह समझ है, जो हर अनुभव से परिपूर्ण होती है।

बुद्धिमत्ता वह रोशनी है, जो अंधेरे में भी दिखाई देती है,

वह आवाज है, जो शांति से भीतर गूंजती है।

यह समय और धैर्य का फल है,

जो हर समस्या को अपने सरलता से सुलझाती है।

वह बिना शब्दों के, बिना आक्रामकता के बात करती है,

यह हर व्यक्ति को उसकी वास्तविकता से परिचित कराती है।

बुद्धिमत्ता का रास्ता कभी सीधा नहीं होता,

यह जीवन के हर मोड़ पर, हर कदम पर सिखाती है।

यह केवल निर्णय नहीं, बल्कि समझने की कला है,

जो हमें आत्मा की गहराई में जाकर जीवन को समझने देती है।

समय

समय वह धारा है, जो निरंतर बहती जाती है,

कभी धीमी, कभी तेज, पर कभी रुकती नहीं।

यह न किसी के लिए ठहरता है, थमता है

हर पल, हर क्षण, नित नए रूप में बदलता है।

समय एक संजीवनी शक्ति है,

यह पुराने घावों को भरने का अवसर देता है।

यह हमें सिखाता है, हर पल को महत्व देना,

क्योंकि वह बीत चुका क्षण कभी लौटता नहीं है।

समय की गिनती में कोई भी सबक नहीं,

यह केवल अनुभव से प्राप्त होता है।

यह न किसी के लिए दौड़ता है, न रुकता,

पर यह हर विचार, हर निर्णय को आकार देता है।

समय से बड़ा कोई शिक्षक नहीं,

वह हमें हर अनुभव से सिखाता है, हर भूल को सुधारता है।

यह अपनी गति से चलता है, बिना किसी परवाह के,

कभी समझ आता है, कभी खो जाता है।

अज्ञान

अज्ञान वह अंधकार है, जो मन के कोने में बसा है,

यह पर्दा है, जो सत्य और ज्ञान से हमें ढकता है।

यह केवल एक स्थिति नहीं, एक आदत बन जाती है,

जो हमें हमारे असल रूप से दूर करती जाती है।

अज्ञान एक शोर है, जो शांति को घेरता है,

यह भ्रम का जाल है, जो सच्चाई से हमें मोड़ता है।

यह किसी रास्ते का अंत नहीं, बल्कि एक शुरुआत है,

जब तक हम इसे पहचानते नहीं, तब तक यह हमें घेरे रहता है।

यह हमारे विचारों की सीमा बना देता है,

और हर नये ज्ञान को अस्वीकार कर देता है।

अज्ञान का बंधन तब टूटता है,

जब हम खुद को जागरूक करते हैं, और सत्य की ओर बढ़ते हैं।

यह शेष जीवन के लिए एक चुनौती बन जाता है,

जब तक हम इसे अपने भीतर से नहीं निकालते।

अज्ञान का विनाश तभी संभव है,

जब हम उसे समझकर ज्ञान की ओर कदम बढ़ाते हैं।

शोध

शोध एक यात्रा है, जो अनदेखे मार्गों पर जाती है,
यह सवालों की धारा है, जो हर उत्तर से परे जाती है।
यह केवल जानने की चाह नहीं,
यह नये दृष्टिकोणों और गहरे सत्य को खोजने का रास्ता है।

शोध वह जिज्ञासा है, जो हर सीमा को पार करती है,
यह अज्ञात को पहचानने का एक अनवरत प्रयास है।
हर उत्तर के पीछे एक और सवाल खड़ा होता है,
यह हमें हर नये अनुभव से सीखने और समझने की ओर बढ़ाता है।

शोध का उद्देश्य न केवल जानकारी हासिल करना है,
यह सोचने का तरीका बदलने और उसे विस्तार देने का है।
यह विचारों का विस्तार करता है, सीमाओं को तोड़ता है,
हर खोज, हर पहलू, एक नये रास्ते पर ले जाता है।

शोध के बिना, जीवन रुका हुआ सा प्रतीत होता है,
यह हमें स्थिरता से गतिशीलता की ओर प्रेरित करता है।
यह न केवल बाहरी दुनिया को,
बल्कि अपने भीतर की गहराइयों को भी उजागर करता है,
जहां सच्चाई और ज्ञान का हर कण छिपा हुआ होता है।

भाग 5
समाज और संस्कृति

समाज

आदमी ने समाज बनाया,
सुरक्षा की चाह से उपजा विचार,
एकजुटता का आदर्श,
परंतु आज बिखरता हुआ दृश्य।

मुलाकातें अब संदेशों में सीमित,
चेहरे पर नकाब और दिलों में फासले।
संवेदनाएं खोती जा रही हैं,
भौतिकता के बाजार में।

नियम बने थे सहूलियत के लिए,
अब जकड़न बनकर खड़े हैं।
समानता के सपने दिखाए,
पर वर्गों में बंटा हुआ समाज।

फिर भी, उम्मीद बची है,
हर दिल में रोशनी के चिराग।
साथ चलने की ललक,
और मानवता का एहसास।

संस्कृति

शब्दों में नहीं,
जीवन के हर स्पंदन में बसी है संस्कृति।
माटी की खुशबू,
पकवानों का स्वाद,
त्योहारों की रोशनी,
और गीतों की गूंज।

यह इतिहास की धड़कन है,
वर्तमान की पहचान,
और भविष्य की आशा।
कभी मंदिर की घंटियों में,
कभी मस्जिद की अज़ानों में,
कभी मेलों की रौनक में,
तो कभी किताबों के पन्नों में।

संस्कृति,
नहीं महज़ परंपराओं का बोझ,
यह जीवन का संगीत है,
जो जोड़ता है दिलों को,
और बनाता है हमें इंसान।

परंपरा

वक्त के हाथों से बुनी हुई चादर,
पीढ़ी दर पीढ़ी संजोया गया धरोहर।
आदर्शों का दीपक,
जो जलता है अनवरत,
समय की आंधियों में भी।

यह सिर्फ रीति-रिवाज नहीं,
यह भावनाओं का पुल है,
जो अतीत से वर्तमान तक,
और वर्तमान से भविष्य तक,
बनाए रखता है कड़ी।

परंपरा,
एक स्मृति,
जो दिलों में बसी रहती है।
यह सिखाती है झुकना,
पर टूटना नहीं।

पर जब यह जकड़ने लगे,
तब चाहिए बदलाव का संबल,
क्योंकि परंपरा जीवंत है,
ठहरी हुई नदी नहीं।

राजनीति

विचारधाराओं की लड़ाई,
या सत्ता का खेल?
जनसेवा का वादा,
पर स्वार्थ का मेल।

मंचों पर भाषण,
मुद्दों का शोर,
पर हकीकत में जनता,
उदास और कमजोर।

राजनीति,
एक आइना है समाज का,
जहां सच और झूठ,
एक साथ चलते हैं।

फिर भी,
हर चुनाव में उम्मीद जागती है,
कि शायद इस बार,
नेता नहीं,
नेतृत्व मिलेगा।

धर्म

अंतरात्मा की पुकार,
या ग्रंथों का आदेश?
आस्था की राह,
या व्यवस्था का आवेश?

धर्म वह दीपक था,
जो अंधेरों में दिखाए प्रकाश,
पर आज वह दीवार बन गया,
जो इंसान को बांटता है।

मंदिर की घंटियां,
मस्जिद की अज़ान,
गुरुद्वारे का कीर्तन,
या गिरजाघर की प्रार्थना,
सबने सिखाया एकता का पाठ,
फिर भी बंटा हुआ है संसार।

धर्म,
न नियम है, न जकड़न,
यह तो प्रेम का प्रवाह है,
जो जोड़ता है, तोड़ता नहीं।

न्यायपालिका

न्याय की प्रतिमा,
आंखों पर पट्टी बांधे,
तराजू थामे खड़ी,
सच और झूठ तौलती हुई।

कानून की किताबें,
कभी आदर्श, कभी उलझन।
शब्दों के खेल में,
सच की आवाज दबती है।

फैसले का इंतजार,
कभी वर्षों का संघर्ष,
तो कभी पल भर की राहत।
पर न्याय का अर्थ?
क्या केवल कागजों की लिखावट?

न्यायपालिका,
सिस्टम की रीढ़ है,
पर जब झुके सत्ता के आगे,
तो टूट जाती है विश्वास की दीवार।

जरूरत है,
सिर्फ फैसलों की नहीं,
बल्कि उस भावना की,
जो न्याय को जिंदा रखे।

क्रांति

सोई हुई रूहों का जागरण,
अन्याय के विरुद्ध हुँकार।
एक चिंगारी,
जो बदल देती है इतिहास।

यह लहू की भाषा है,
या विचारों का प्रवाह?
तोड़ती है बेड़ियां,
गढ़ती है नए आयाम।

क्रांति,
भीड़ का शोर नहीं,
यह व्यक्तित्व का आक्रोश है,
जो बदल देता है समाज।

हर क्रांति में दर्द छुपा है,
और हर दर्द में जन्म लेता है बदलाव।
यह अंत नहीं,
नए आरंभ की गाथा है।

नेतृत्व

मंजिल की धुंध में,
जो देखे राह साफ,
भीड़ से अलग,
जो खड़ा हो सबसे आगे।

नेतृत्व,
शब्द नहीं, कर्म है,
जो सिखाता है,
जितना बड़ा उद्देश्य,
उतनी बड़ी जिम्मेदारी।

यह आदेश नहीं,
प्रेरणा का स्रोत है,
जो दिलों को जीतता है,
डर से नहीं, विश्वास से।

सच्चा नेता,
सिर्फ जीत का भागी नहीं,
बल्कि हर हार में भी,
सीखने वाला पथप्रदर्शक है।

नेतृत्व,
राह दिखाने का नाम नहीं,
बल्कि उस राह पर,
साथ चलने का वादा है।

शिक्षा व्यवस्था

ज्ञान के दीप जलाने की आस,
या नंबरों की दौड़ का जाल?
विचारों को पंख देने का वादा,
पर जकड़े हुए सवाल।

कक्षाओं में बंद,
खुले आकाश का सपना,
पुस्तकों में खोया,
जीवन का असली अर्थ कहाँ?

शिक्षा,
जो सिखाए सोचने का हुनर,
जो बढ़ाए खोजने का जज्बा,
पर क्या हमारी व्यवस्था,
उस दिशा में बढ़ रही है?

बस्तों का बोझ,
और रटने की बाध्यता,
क्या बना पाएगी पीढ़ियों को,

वैश्विकता

धरती एक है,
फिर भी सीमाएं बिखरी हुईं,
संस्कृतियों का मेल,
पर दिलों में दूरियां।

सूचना का तात्कालिक प्रसार,
कनेक्टेड हैं हम सब,
फिर भी दूर हो रहे हैं,
आपस में समझ की खोज।

वैश्विकता,
न सिर्फ व्यापार और राजनीति,
यह एक दूसरे की दृष्टि समझने का नाम है,
संस्कृति, विचार, और भाषा की विविधता में।

हर चुनौती,
जो हमें एक साथ लाती है,
वो ही हमें असली ताकत देती है,
क्योंकि हम सब एक ही आकाश के नीचे हैं।

लेकिन,
क्या हमने वैश्विकता के इस मायने को समझा है?
या सिर्फ भौतिक फायदे के लिए,
इसका दोहन किया है?

भाग 6
संघर्ष और परिवर्तन

संघर्ष

जब भी राहों में कांटे उग आते हैं,
मन में एक हलचल सी उठती है,
दूरियों का डर, घेर लेता है,
पर भीतर की शक्ति जाग उठती है।

हर कदम में एक सवाल है,
क्या यह यात्रा रुकने वाली है?
लेकिन उम्मीद की आंच जलती रहती है,
सपने टूटते हैं, फिर भी सजे रहते हैं।

संघर्ष न तो कोई बोझ है,
न ही थकान की गहरी छांव,
यह तो वह अनकहा संगीत है,
जो आत्मा में गूंजता है हर रात।

हर हार के बाद एक सीख है,
जो आगे बढ़ने का इरादा बनाती है,
संघर्ष से ही तो शक्ति मिलती है,
और परिवर्तन की दिशा तय होती है।

परिवर्तन

वक्त की रेत पर उभरते निशान,
कुछ खोता है, कुछ पाता है,
समय की धार से टकराते विचार,
अजनबी से जाने पहचान बनते हैं।

हर पल की उलझन में एक रास्ता है,
जो न दिखाई दे, पर फिर भी चलता है,
अंधेरे में उजाला ढूँढना,
और पुराने में नए की तलाश करना।

परिवर्तन कभी आसान नहीं होता,
यह न कभी कहता है, "रुक जाओ,"
यह तो एक धारा है, जो बदलती है,
मगर हमें इसे स्वीकारना ही होता है।

जो कल था, वह अब नहीं,
और जो आज है, वह कल होगा,
कभी ना रुकने वाला यह चक्र,
हर मनुष्य को बदलने की राह दिखाता है।

प्रगति

एक कदम और एक और कदम,
धीरे-धीरे यह यात्रा तय होती है,
सपनों के छांव में पलती उम्मीदें,
सच्चाई की ओर बढ़ती प्रगति की रेखा।

कभी अवरोधों का सामना करना पड़ता है,
पर मन में शक्ति से कम नहीं पड़ता है,
जो गिरकर उठता है, वही आगे बढ़ता है,
प्रगति की राह में हार नहीं होती।

हर एक संघर्ष एक कदम है,
जो भविष्य को आकार देता है,
हर नई शुरुआत एक नए अवसर का रूप,
जो जीवन को सही दिशा में मोड़ता है।

सपने संजीवित होते हैं,
जब प्रगति की लौ जलती है,
कभी धीमी, कभी तेज़,
लेकिन यह कभी रुकती नहीं है।

सफलता

सपनों के बीज जब मन में बोए जाते हैं,
धैर्य की मिट्टी से सींचे जाते हैं,
तब कहीं जाकर किसी दिन खिलते हैं,
सफलता के फूल, जिनकी खुशबू बस जाती है।

रास्ते में मुश्किलें आती हैं,
कभी बारिश, कभी धूप की लकीरें,
लेकिन जो बिना थके चलता है,
वहीं अंत में मंजिल तक पहुंचता है।

सफलता कोई एक क्षण नहीं,
यह तो एक यात्रा का नाम है,
हर कदम में संघर्ष, हर मोड़ में प्रयास,
और हर हार में सीख का अहसास।

जब एक दिन उस लक्ष्य तक पहुंचते हैं,
तो समझ में आता है,
सफलता की असली पहचान,
मन की संतुष्टि और आत्मविश्वास में बसी होती है।

असफलता

असफलता कोई अंत नहीं,
यह तो एक नए सफर की शुरुआत होती है,
जब एक दरवाजा बंद होता है,
तो दूसरा खुलने की राह दिखाता है।

यह ठोकरें नहीं, बल्कि सीखने का मौका हैं,
जो हमें गिरकर फिर से उठना सिखाती हैं,
हर चोट में एक पाठ छिपा होता है,
जो आगे बढ़ने की दिशा बताती है।

असफलता हमें दिखाती है,
कि रास्ते में रुकावटें नहीं,
बल्कि हमारी असली शक्ति है,
जो हमें पूरी तरह से समर्पित कर देती है।

यह हमें खुद से सच्ची मुलाकात कराती है,
हमारी कमजोरी और ताकत को पहचानती है,
असफलता तब हार नहीं होती,
यह सफलता के और करीब पहुँचने का रास्ता बनती है।

मेहनत

जब रातें चुपचाप बीतती हैं,
दिन की रौशनी में कोई ख्वाब पनपता है,
मेहनत की धारा से बहता हर सपना,
कभी नहीं रुकता, कभी नहीं थमता है।

यह कोई सरल रास्ता नहीं होता,
कभी पथरीला, कभी दलदल,
पर हर कदम में एक नयी शक्ति होती है,
जो हमें आगे बढ़ने की राह दिखाती है।

सफलता का स्वाद तो कुछ ऐसे ही मिलता है,
जब हम मेहनत की तपिश से गुजरते हैं,
रुककर कभी नहीं सोचना,
क्योंकि मंजिल की ओर हर कड़ी मेहनत बढ़ती है।

मेहनत कभी विफल नहीं होती,
यह तो कड़ी धारा है, जो रास्ता बनाती है,
जब तक यह जलती रहती है,
सपनों की राह कभी खत्म नहीं होती।

आत्मनिर्भरता

जब अपने बल पर कदम बढ़ाते हैं,
दूसरों की छांव नहीं चाहिए होती,
आत्मविश्वास का दीप जलता है भीतर,
और मन खुद की ताकत से रोशन होता है।

न कोई सहारा, न कोई मदद,
सिर्फ अपनी मेहनत और इरादे का साथ,
जब खुद से उम्मीदें पूरी करते हैं,
तो आत्मनिर्भरता का स्वाद मिलता है।

यह निर्भरता का अंत नहीं,
स्वतंत्रता का आरंभ होता है,
जब हम अपने फैसलों पर विश्वास रखते हैं,
तो हर मुश्किल आसान लगने लगती है।

आत्मनिर्भरता का यह रास्ता,
हर कदम पर आत्मसम्मान की कमाई है,
जो अपनी राह खुद बनाता है,
वही सच्चा सफल और स्वतंत्र है।

सपने

सपने वे नहीं जो रातों में आते हैं,
बल्कि वे जो दिन में भी मन में पलते हैं,
आंखों में चमक, दिल में एक धड़कन,
जो जीवन को दिशा देते हैं, वही सपने होते हैं।

यह नित नए रंगों से रंगे होते हैं,
हर रंग में एक नई उम्मीद होती है,
अक्सर कठिनाइयाँ रास्ते में होती हैं,
लेकिन सपनों की ताकत कभी कम नहीं होती।

सपने सिर्फ कल्पना नहीं,
यह तो हकीकत बनने का रास्ता होते हैं,
जब तक हम उन्हें पूरा करने की चाह रखते हैं,
तब तक वे हमारे साथ चलते हैं।

हर सपना एक आकाश की तरह होता है,
जिसे छूने की चाह सच्ची होती है,
सपने हमारी ऊर्जा का स्रोत बनते हैं,
और हमें वह बनने की प्रेरणा देते हैं, जो हम सोचते हैं।

प्रेरणा

प्रेरणा वह आकाश होती है,
जो अंधेरे में हमें रोशनी दिखाती है,
यह एक अलौकिक शक्ति है भीतर,
जो हमें हर मुश्किल से बाहर निकालती है।

यह किसी शब्द में नहीं बंधती,
यह हर कदम में हमारे साथ होती है,
जब हम हार मानने लगते हैं,
तभी यह भीतर से उभरकर हमें फिर से उठाती है।

प्रेरणा कोई बाहरी चीज नहीं,
यह हमारी आत्मा की गहरी आवाज है,
जो हमें अपने सपनों के पीछे दौड़ने की ताकत देती है,
और हर रुकावट को चुनौती के रूप में देखती है।

यह जीवन की हर यात्रा का साथी है,
जो हमें अपने सबसे अच्छे रूप में देखना चाहती है,
प्रेरणा से बढ़कर कुछ नहीं,
यह हमें उस ओर खींचती है, जहाँ हमारी असली शक्ति छुपी होती है।

साहसिकता

साहसिकता वह आग है,
जो भीतर से जलती रहती है,
यह डर को चुनौती देती है,
और अज्ञात को जानने की इच्छा पैदा करती है।

राहों में कांटे, तूफान, और अंधेरे होते हैं,
लेकिन साहस के साथ हर मुश्किल आसान होती है,
जो खतरों का सामना करता है,
वह नई मंजिलों की ओर बढ़ता है।

यह आराम की सीमा को तोड़ती है,
नया कुछ पाने की तड़प जागती है,
साहसिकता की यह यात्रा कभी खत्म नहीं होती,
हर मोड़ पर एक नई कहानी बुनती है।

साहस का मतलब केवल डर को पार करना नहीं,
यह तो अपने भीतर की शक्ति को पहचानना है,
जब हम खुद से डरने के बजाय,
अज्ञात की ओर कदम बढ़ाते हैं,
तभी साहसिकता का असली रूप सामने आता है।

भाग 7

आध्यात्म और आंतरिक शांति

ध्यान

ध्यान, एक मौन का महासागर,
जहाँ शब्दों का अस्तित्व भी विलीन हो जाता है।
श्वास की धारा के संग बहता है मन,
जैसे नदी अपनी राह स्वयं चुनती है।

अंधकार में छिपा उजाले का स्रोत,
भीतर की गहराई में चमकता सत्य।
न कोई विचार, न कोई इच्छा,
केवल शून्य, जो पूर्णता में बदल जाता है।

समय ठहर जाता है,
क्षण अनंत हो जाता है।
न शरीर का भान, न जगत का भार,
बस आत्मा का आलोक, जो सब कुछ छू लेता है।

ध्यान, न कर्म है, न प्रयत्न,
बस समर्पण है, एक मुक्त आकाश।
जहाँ जीवन और मृत्यु के पार,
अस्तित्व स्वयं को पहचानता है।

शांति

शांति, न बाहर की आवाज़ है,
न युद्ध के बाद का मौन।
यह तो भीतर का वो संगीत है,
जो हर कोलाहल में गूंजता है।

यह न झील का ठहराव है,
न पर्वत की स्थिरता।
यह तो बहते हुए झरने की धुन है,
जो निरंतर चलती रहती है।

शांति, न जीत में है, न हार में,
यह तो स्वीकार में बसती है।
जहाँ न चाहत का तांडव है,
न भय का साम्राज्य।

यह वो प्रकाश है,
जो अंधेरों में भी जलता है।
एक ऐसा फूल,
जो हर ऋतु में खिलता है।

आध्यात्म

आध्यात्म, न मंदिर की सीढ़ियों पर,
न ग्रंथों के पन्नों में बंधा।
यह तो आत्मा की पुकार है,
जो हर साँस में गूंजती है।

यह न किसी दिशा का मार्ग है,
न किसी सीमा का अंत।
यह तो अंतहीन आकाश है,
जहाँ प्रश्न स्वयं उत्तर बनते हैं।

आध्यात्म, न व्रत है, न पूजा,
यह तो मौन का संवाद है।
जहाँ ईश्वर न बाहर है, न भीतर,
बस हर कण में बसा है।

यह न दूरी है, न निकटता,
न अलगाव, न मिलन।
यह तो जीवन की वो धारा है,
जो सब कुछ एक कर देती है।

विनम्रता

विनम्रता, न झुकने का नाम है,
न कमजोर होने का प्रमाण।
यह तो वो शक्ति है,
जो अपने को जानने से आती है।

यह न आवाज़ में धीमापन है,
न दिखावे का कोई आडंबर।
यह तो मौन का वो एहसास है,
जो हर बड़े को छोटा कर देता है।

विनम्रता, न शब्दों में बंधी,
न विचारों में कैद।
यह तो हृदय की वो गहराई है,
जहाँ अहंकार डूब जाता है।

यह न तो हार का स्वीकार है,
न जीत का उत्सव।
यह तो जीवन का वो सत्य है,
जो सबको एक जैसा देखता है।

संतोष

संतोष, न चाहत का अंत है,
न सपनों का त्याग।
यह तो मन का वह दीपक है,
जो हर अंधकार में जलता है।

यह न उपलब्धि का गर्व है,
न असफलता का भार।
यह तो वर्तमान का आलिंगन है,
जो हर कल और कलपन से परे है।

संतोष, न ज्यादा पाने की लालसा,
न कम होने का भय।
यह तो भीतर का वो खजाना है,
जो बाहर ढूंढ़ने पर नहीं मिलता।

यह न लक्ष्य है, न मंज़िल,
यह तो यात्रा का सुख है।
जहाँ जो है, वही पर्याप्त है,
और हर पल में जीवन बसता है।

विश्वास

विश्वास, न देखा हुआ सत्य है,
न सुनी हुई कहानियों का भार।
यह तो वो प्रकाश है,
जो अंधकार में भी राह दिखाता है।

यह न प्रमाण मांगता है,
न तर्क से बंधा होता है।
यह तो हृदय की वो धड़कन है,
जो हर असंभव को संभव कर देती है।

विश्वास, न तोड़ने की चीज़ है,
न जोड़ने का प्रयास।
यह तो आत्मा का वो रिश्ता है,
जो हर परिस्थिति में अडिग रहता है।

यह न मंज़िल का नाम है,
न सफर का अंत।
यह तो पंखों का वो साहस है,
जो बिना देखे उड़ान भरने को तैयार है।

त्याग

त्याग, न संपत्ति का परित्याग है,
न इच्छाओं का दमन।
यह तो हृदय का वो विस्तार है,
जहाँ दूसरों का सुख अपना बन जाता है।

यह न कमजोरों का सहारा है,
न बलवानों का दिखावा।
यह तो आत्मा की वो ऊंचाई है,
जहाँ स्वार्थ झुककर सेवा में बदल जाता है।

त्याग, न बलिदान की गाथा है,
न यश पाने का माध्यम।
यह तो प्रेम का वो स्वरूप है,
जो निःस्वार्थ होकर भी पूर्ण रहता है।

यह न कुछ खोने का दुःख है,
न पाने की कोई उम्मीद।
यह तो जीवन का वो सत्य है,
जहाँ समर्पण में ही शांति मिलती है।

माफी

माफी, न कमजोरी की निशानी है,
न अपराध का अंत।
यह तो आत्मा का वो स्पर्श है,
जो घावों को मरहम बना देता है।

यह न भुलाने की कोशिश है,
न बदले का कोई रास्ता।
यह तो हृदय का वो उदार भाव है,
जो बीते को स्वीकार कर आगे बढ़ता है।

माफी, न केवल दूसरों के लिए,
यह तो अपने लिए भी एक दवा है।
जो कड़वाहट के विष को पीकर,
मन में शांति का अमृत घोल देती है।

यह न हार है, न जीत,
न किसी का अधिकार।
यह तो जीवन की वो कला है,
जो टूटे रिश्तों को फिर से जोड़ देती है।

आभार

आभार, न शब्दों में बंधा होता है,
न दिखावे का कोई प्रदर्शन।
यह तो हृदय का वो गीत है,
जो हर क्षण में गूंजता है।

यह न केवल सुख के लिए है,
न केवल उपलब्धियों के लिए।
यह तो दुःख में मिली सीख का सम्मान है,
और हर अनुभव का आलिंगन।

आभार, न देने का धर्म है,
न लेने का कर्तव्य।
यह तो जीवन का वो भाव है,
जो हर छोटी चीज़ को भी अमूल्य बना देता है।

यह न कल के लिए है, न भविष्य के लिए,
यह तो केवल अभी के लिए है।
जहाँ हर सांस एक तोहफा है,
और हर धड़कन एक आशीर्वाद।

समाधि

शब्दों की सीमाओं से परे,
मौन की गहराइयों में डूबा,
जहाँ विचार रुक जाते हैं,
और शून्य में विलीन हो जाते हैं।

कोई द्वंद्व नहीं, न कोई संघर्ष,
सिर्फ शांति की धीमी गूँज,
मन का झील सा स्थिर जल,
जिसमें हर प्रतिबिंब खो जाता है।

न स्वप्न का अंश, न जागरण का रंग,
बस अस्तित्व का शुद्ध सत्य,
जहाँ 'मैं' और 'तुम' का भेद
धुंधली रेखाओं में विलय हो जाता है।

यहां न समय की गति है,
न इच्छाओं का कोई प्रवाह,
सिर्फ एक अनन्त ठहराव,
और आत्मा का अपूर्व स्पर्श।

भाग 8
प्रकृति और पर्यावरण

प्रकृति

हरी घास पर ओस की बूँदें,
जैसे आसमान ने धरती को चूमा हो।
सूरज की पहली किरण,
मानो स्वर्ण का जादू बिखेर रही हो।

पत्तों की सरसराहट,
हवा के गीत का हिस्सा बन जाती है।
नदी की बहती धारा,
अधीरता में भी एक लय को रचती है।

पहाड़ों की स्थिरता,
मानो धैर्य का प्रतीक हो।
आकाश का विस्तार,
सीमाओं को नकारता हुआ सत्य।

पंछियों का गान,
अलसाई सुबह को जगाता है।
प्रकृति का हर कण,
एक गूढ़ संदेश सुनाता है।

मगर यह मौन संवाद,
कहां समझ पाते हैं हम?
उजाड़ते हैं उसे,
और फिर उसकी कमी पर रोते हैं।

पर्यावरण

साँस लेती है धरती,
पेड़ों के हरे आँचल में छुपकर,
नदियों की धार बहती है,
अपना गीत सुनाने को आतुर।

आकाश की नीली चादर पर,
बादल करते हैं चित्रकारी,
और सूरज की किरणें,
हर कोने को जीवन से भरती हैं।

पंछियों की चहचहाहट में,
समाई है सृष्टि की लय,
मगर हम, अपने स्वार्थ में,
कटते जा रहे हैं ये स्वर।

जंगलों की चुप्पी बढ़ रही है,
नदियाँ गहरी साँसें भर रही हैं,
आकाश धुंध में घुल रहा है,
धरती कराह रही है।

क्या हम सुन पाएँगे उसकी पुकार?
या फिर खो देंगे ये धरोहर अनमोल?
पर्यावरण बचाना है हमारा धर्म,
साँसों का यह ऋण है, जो चुकाना है।

धरती

मौन है, पर कहानियाँ कहती है,
हर कण में इतिहास की गहराई है,
उसकी मिट्टी में बसी है सृजन की गंध,
और हर फूल में छुपा है जीवन का रहस्य।

पहाड़ उसकी पीठ पर लिखते हैं धैर्य,
नदियाँ उसकी गोद में बहाती हैं प्राचीनता,
जंगल उसकी साँसों का हिस्सा हैं,
और मरुस्थल उसकी तपस्या।

वह सहती है, सबकुछ, चुपचाप,
मनुष्यता की बेफिक्री, लालच की आग,
किन्तु उसकी चुप्पी में है चेतावनी,
कि वह क्रोधित भी हो सकती है।

धरती, केवल एक ग्रह नहीं,
यह हमारी जड़ों का आधार है,
अगर हमने उसे न संभाला,
तो खुद को भी खो देंगे।

जल

लेकिन, हमने उसे कैद किया,
बाँधों में, बोतलों में, लालच में,
उसकी निर्मलता पर डाली कालिख,
और भुला दिया उसका असली रूप।

जल, जो था सबका अधिकार,
अब बना व्यापार का औजार,
सूखते कुएँ, विलुप्त होती नदियाँ,
चीखती हैं हमारी भूलों का हिसाब।

क्या हम समझ पाएँगे उसकी पुकार?
या फिर देखेंगे सूखी धरती का अंत?
जल ही जीवन का सच्चा आधार है,
इसे बचाना अब हमारा कर्तव्य है।

पानी के हर बूँद में है सृष्टि की धड़कन,
हर कण में है प्राणों की सुगंध,
अगर जल रहेगा, तो जीवन रहेगा,
यह धरोहर अमर रहे, यही हमारी प्रतिज्ञा।

वायु

वह अदृश्य है, फिर भी सबकुछ है,
साँसों में बहती, जीवन का स्त्रोत है,
पेड़ों की शाखों से गुजरती,
धरती के हर कोने को स्पर्श करती।

उसकी सरसराहट में है गीत,
उसके थपेड़ों में है शक्ति,
वह बादलों को उड़ाती है,
और परिंदों को पंख देती है।

मगर हमने उसे भी दूषित किया,
धुएँ और जहर से भर दिया,
फैक्ट्रियों के काले बादल,
और गाड़ियों की गरज ने उसकी निर्मलता छीनी।

अब वह बोझिल हो चली है,
जहरीली हवाओं में घुटता है जीवन,
क्या हम उसकी शुद्धता लौटा पाएँगे?
या खो देंगे इस अनमोल उपहार को?

वायु, जो सबको जोड़ती है,
हमारे अस्तित्व का मूल आधार है,
आओ, इसे बचाएँ, इसे सँवारें,
ताकि हर साँस फिर से आजाद हो।

आग

आग, ऊर्जा का पहला स्वर,
अंधकार को चीरने का साहस,
जीवन को पकाने वाली तपिश,
और सृष्टि का अनवरत नृत्य।

जंगलों में चुपचाप जलती,
राख से जन्म देती नए बीज,
हथेलियों में थामे दीप की लौ,
जो अज्ञान के तम को मिटाती है।

लेकिन वही आग, जब बेकाबू होती,
बन जाती विनाश का प्रतीक,
संपत्ति, सपने, जीवन सब स्वाहा,
उसकी क्रूरता से कोई नहीं बचता।

यह आग हमारे भीतर भी है,
कभी प्रेरणा, कभी क्रोध बनकर,
सवाल यह है कि हम इसे कैसे थामें,
कैसे इसकी शक्ति को सही दिशा दें।

आग, सृजन और संहार का स्वरूप,
न तो इसे दुत्कारें, न इसे बढ़ाएँ,
इसकी लपटों में संतुलन ढूँढें,
ताकि यह केवल प्रकाश फैलाए।

पेड़

पेड़, धरती की बाहें फैलाए,
आकाश को छूने का सपना लिए,
जड़ों में सहेजे सृष्टि का इतिहास,
और पत्तों में गूँजती जीवन की सरगम।

इनकी शाखाओं पर बसे हैं घोंसले,
जहाँ जीवन गाता है नए गीत,
छाया में इनकी सुकून मिलता है,
और जड़ों में छुपी है अटूट शक्ति।

फलों में मिठास है, फूलों में रंग,
हर पत्ता हमें साँसें देता है,
फिर भी हमने इन्हें काट दिया,
लालच में हरियाली को मिटा दिया।

पेड़ रोते नहीं, मगर चुपचाप सहते हैं,
उनके बिना सूनी हो जाएगी यह दुनिया,
क्या हम फिर से जंगलों को लौटा पाएँगे?
या खत्म कर देंगे इस धरोहर को?

आओ, पेड़ लगाएँ, उनकी जड़ें सँवारें,
उनकी हरियाली में जीवन को तलाशें,
क्योंकि पेड़ ही हैं वह स्तंभ,
जो धरती और आकाश को जोड़े रखते हैं।

पशु

पशु, जंगल का मौन संगीत,
धरती की सजीव विविधता का प्रतीक,
पृथ्वी की धड़कनों में शामिल,
हर प्रजाति एक कहानी कहती।

वह कभी शेर की दहाड़ बनते,
तो कभी हिरण की शांत चाल,
कभी पक्षियों की उड़ान में छुपे सपने,
तो कभी हाथी की स्थिरता का कमाल।

उनकी आँखों में है विश्वास,
प्रकृति के नियमों का पालन,
लेकिन मनुष्य ने उन्हें भी बांध दिया,
पिंजरों में कैद कर, उनके अधिकार छीन लिए।

शिकार, प्रदूषण और कटते जंगल,
उनकी दुनिया सिमटती जा रही है,
उनकी पुकार सुनते हैं हम?
या उनकी मौन पीड़ा को अनसुना करते हैं?

पशु हमारे साथी हैं, शिक्षक हैं,
धरती के संतुलन के रक्षक हैं,
आओ, उनकी दुनिया बचाएँ,
ताकि यह ग्रह फिर से जी उठे।

ऋतुएँ

ऋतुएँ, प्रकृति का चक्र,
जीवन का अनवरत प्रवाह,
हर मौसम में छुपा है जादू,
और हर रंग में नई कहानी।

बसंत लाता है फूलों की महक,
हरियाली का उत्सव, नवजीवन का संकेत,
गर्मियों में सूर्य की प्रखरता,
धरती को तपाकर सृजन का आधार।

बारिश की बूंदों में संगीत है,
जमीन की प्यास बुझाने का प्रयास,
सर्दियाँ अपने ठंडे आलिंगन में,
शांत करती हैं समय का हर आवेग।

पतझड़ के पत्तों में भी है सौंदर्य,
छूटने और फिर से पाने का संदेश,
प्रकृति का हर रूप एक शिक्षा है,
जीवन में बदलाव को गले लगाने का।

ऋतुएँ चलती रहती हैं, बिना थके,
हमारे साथ कदम से कदम मिलाकर,
आओ, इनकी कद्र करें, इनसे सीखें,
क्योंकि ऋतुएँ ही हैं सृष्टि की साँस।

पर्यावरण संरक्षण

धरती का आँचल धीरे-धीरे सिकुड़ रहा है,
हरे जंगल की जगह कंक्रीट उभर रहा है,
नदियाँ सूख रहीं हैं, आसमान धुआँ-धुआँ,
प्रकृति की कराहें हमें सुनाई क्यों नहीं देतीं?

यह हवा, यह पानी, यह मिट्टी, यह पेड़,
सब कुछ हमें उधार मिला है,
हमसे पहले भी थे, हमारे बाद भी होंगे,
पर क्या हम इन्हें वैसे ही छोड़ पाएँगे?

सूरज उगता है सबके लिए,
चाँदनी धरती को नहलाती है,
फिर क्यों बाँट रहे हैं हम सीमाएँ,
क्यों खो रहे हैं यह अनमोल खजाना?

संरक्षण केवल नारा नहीं,
यह जीवन का संकल्प है,
हर पौधा, हर बूँद, हर जीव,
हमारे अस्तित्व का आधार है।

चलो, मिलकर जिम्मेदारी लें,
हर बूँद बचाएँ, हर पेड़ लगाएँ,
प्रकृति को सहेजें, उसके संग चलें,
ताकि आने वाला कल भी जीवित रह सके।

भाग 9

मनोविज्ञान और मानव चेतना

मन

मन एक रहस्यमयी दरवाजा है,
जिसे खोलने की कोशिशें हर पल जारी रहती हैं।
कभी ये गहरे सागर की तरह शांत होता है,
तो कभी ज्वालामुखी की तरह विकल।

यह ना तो बंधे किसी तार में,
ना बंधे किसी विचार के आवरण में।
इसके भीतर नित नये सूरज उगते हैं,
और कभी चाँद की तरह गहरे ग़म में डूब जाते हैं।

मन है पंछी की तरह स्वतंत्र,
जिसकी उड़ान सच्चाई से परे होती है।
यह विचारों के जंगल में खो जाता है,
और कभी किसी आकाश में उड़ता है।

मन की गहराई में अनगिनत रहस्य छिपे हैं,
कभी हंसी, कभी आंसू, कभी खामोशी।
यह ना तो एक सच है,
ना ही कोई झूठ, बस एक यात्रा है, जो हर पल बदलती रहती है।

इच्छाएँ

इच्छाएँ, जैसे हवाओं में बसी जिद,
हर पल उड़ती जातीं, कभी एक दिशा में, कभी दूसरी।
मन में उनकी छाया फैलती है,
और हर क़दम पर वे हमें घेरे रहती हैं।

वे जैसे अंधेरे में जलते दीपक की लौ,
जो कभी बुझती नहीं, फिर भी थकती नहीं।
कुछ पाने की ललक, कुछ खोने का डर,
इन्हीं के बीच हमारा अस्तित्व नज़र आता है।

इच्छाएँ हमें आगे बढ़ने की प्रेरणा देती हैं,
पर कभी-कभी ये हमारी राहें भी मोड़ देती हैं।
ये अनन्त समुद्र की तरह होती हैं,
जहाँ हर लहर नई उम्मीदें और निराशाएँ लेकर आती है।

लेकिन क्या हम जान पाते हैं कि
इन्हीं इच्छाओं में ही हमारे असली खजाने छिपे हैं?
इन्हीं के भीतर नयी दुनिया की संभावना है,
कभी खुशी की, कभी संतोष की,
और कभी एक अविराम यात्रा की।

आदतें

आदतें, जैसे नदी के किनारे पर बसी छोटी धाराएँ,
जो समय के साथ अपना रास्ता खुद बना लेती हैं।
कुछ मीठी, कुछ तीखी, कुछ हमें बांध लेती हैं,
तो कुछ हमें स्वतंत्रता की ओर ले जाती हैं।

वे हमारे विचारों की छाया बनती हैं,
हर दिन, हर पल, उनके साथ हम चलते हैं।
कभी तो ये असमंजस में डाल देती हैं,
कभी ये हमें हमारे लक्ष्य की ओर बढ़ाती हैं।

आदतें हमारी शक्तियाँ भी बन सकती हैं,
जब हम इन्हें समझदारी से गढ़ते हैं।
हर छोटी आदत में एक बीज छिपा होता है,
जो किसी दिन एक विशाल वृक्ष बन सकता है।

लेकिन आदतें, जैसे दरवाजे की चाबी,
कभी हमें खोल देती हैं, कभी बंद कर देती हैं।
हमारा अस्तित्व, हमारी पहचान,
इन आदतों के सहारे चलता है,
यह हमें दिखाती हैं कि हम कौन हैं।

मानसिकता

मानसिकता, एक सशक्त कांच का आइना है,
जो हमें अपनी दुनिया दिखाता है, लेकिन हमारी ही छाया बनाता है।
कभी यह हमारी उड़ान को सीमित करता है,
तो कभी यह हमें अनन्त आकाश में खोने की अनुमति देता है।

यह हमारी सोच के रंग में रंगी हुई है,
हर अनुभव, हर विचार इसका हिस्सा बनता है।
जो हम मानते हैं, वही हमारे जीवन की दिशा तय करता है,
और वही हमें हर चुनौती के पार ले जाता है।

कभी यह एक मजबूत किला बन जाती है,
जिसे तोड़ पाना कठिन होता है।
तो कभी यह हल्की बयार सी होती है,
जो बदलते वक्त के साथ लहराती रहती है।

मानसिकता की ताकत वही जान पाता है,
जो अपने भीतर के अंधेरे और उजाले को पहचानता है।
क्योंकि मानसिकता ही तय करती है,
हम सिर्फ चलते हैं या फिर उड़ते हैं।

तनाव

तनाव, जैसे एक जाल हो,
जो धीरे-धीरे हमारी सांसों को कसता जाता है।
हर पल एक भारी बस्ते की तरह,
जिसे कंधे पर लादते जाते हैं हम।

यह न तो दिखाई देता है, न महसूस होता है,
फिर भी यह हमारे अंदर गहरे समाता है।
जैसे एक चुपचाप बहती नदी,
जो समय के साथ अपनी लहरों से सारा रास्ता बदल देती है।

तनाव कभी बर्फ की तरह ठंडा और कठोर होता है,
तो कभी आग की तरह जलता और भस्म करता है।
यह हमारी ऊर्जा को चुराता है,
और हर कदम को भारी बना देता है।

लेकिन यह भी सच है कि तनाव ही हमें बदलता है,
यह हमें अपनी ताकत और कमजोरियों को पहचानने का मौका देता है।
एक बार जब हम इसे समझने लगते हैं,
तो वही तनाव, हमारी शक्ति का रूप भी बन सकता है।

भावनाएँ

भावनाएँ, मन के गहरे सागर की लहरें,
कभी शांत, तो कभी उग्र तूफान जैसी।
हर भावना में छिपा है जीवन का सार,
यह हमारे अस्तित्व का अदृश्य आधार।

प्रेम, जो दिल को बंधनमुक्त कर देता है,
दुख, जो हमें भीतर तक गहराई से छू लेता है।
आशा, जो अंधेरों में दीप जलाती है,
और क्रोध, हमें अपनी सीमाओं से परिचित कराता है।

भावनाएँ हमें जोड़ती हैं, हमें तोड़ती हैं,
यह सिखाती हैं कि इंसान होने का अर्थ क्या है।
कभी खुशी के आँसू, कभी पीड़ा का सन्नाटा,
हर भावना में छिपा है अनकहा एक संदेश।

लेकिन इन्हें समझना, इन्हें थामना,
यही जीवन की सबसे बड़ी कला है।
क्योंकि भावनाएँ ही वह रंग हैं,
जो हमारे जीवन के कैनवास को सजीव बनाती हैं।

हर भावना का सम्मान करो,
क्योंकि यह तुम्हें संपूर्ण बनाती हैं।
जीवन के इस अद्भुत खेल में,
भावनाएँ ही तुम्हारी सबसे बड़ी साथी हैं।

इच्छाशक्ति

इच्छाशक्ति, जैसे पर्वत की चोटी,
जो हमसे हजारों कदम दूर हो,
फिर भी हमें अपने कदम बढ़ाने की प्रेरणा देती है।
यह एक आंतरिक शक्ति है, जो हमें गिरने से बचाती है।

कभी यह एक हल्की हवा की तरह महसूस होती है,
जो हमारे भीतर धीरे-धीरे ताकत भरती है।
कभी यह उग्र आँधी बन जाती है,
जो हर रुकावट को उड़ा देती है।

इच्छाशक्ति वह बीज है,
जो हर कठिनाई के बाद एक वृक्ष बनता है।
यह हमें निराशा से बाहर निकालती है,
और सफलता की ओर एक नया रास्ता दिखाती है।

जब दुनिया कहती है, "अब और नहीं,"
इच्छाशक्ति हमें कहती है, "बस एक और कदम।"
यह वही शक्ति है, जो हमें असंभव को संभव बना देती है,
और हमें हमारे लक्ष्यों के बहुत करीब ले आती है।

आत्म-विश्लेषण

आत्म-विश्लेषण, जैसे एक शांत झील,
जो हमें भीतर की गहराई तक ले जाती है।
यह एक आईना है, जो हमारे चेहरे से परे,
हमारे अस्तित्व के हर पहलू को उजागर करता है।

कभी यह एक चुप्पी में छिपा होता है,
जो हमें शब्दों से ज्यादा समझाता है।
कभी यह एक तूफान की तरह आता है,
जो हमारे भीतर के संदेह और डर को उखाड़ फेंकता है।

आत्म-विश्लेषण, एक यात्रा है भीतर की ओर,
जहाँ हम अपने विचारों, भावनाओं और कार्यों को मापते हैं।
यह हमें सिखाता है, कि हर गलती, एक पाठ है,
और हर सफलता, आत्मा की शांति का प्रतीक।

जब हम खुद से सवाल पूछते हैं,
तब हम अपनी असल पहचान को पाते हैं।
आत्म-विश्लेषण, एक आंतरिक आवाज है,
जो हमें हमारे सच और झूठ का अहसास कराता है।

रचनात्मकता

रचनात्मकता, जैसे अनंत आकाश में उड़ता पंछी,
जो कभी किसी सीमा में नहीं बंधता।
यह विचारों की अनगिनत रंगों में बसी हुई हो,
जो हमें नए आकाश दिखाती है, जहाँ कल्पना उड़ सकती है।

यह केवल कला नहीं, बल्कि हर कार्य में समाई हुई है,
हर दिन, हर पल, यह हमें कुछ नया करने की प्रेरणा देती है।
रचनात्मकता, जैसे बीज में छिपा एक विशाल वृक्ष,
जो समय के साथ अपनी शाखाओं में नए सपने पल्लवित करता है।

कभी यह शांति की गहराई में एक हलचल की तरह आती है,
तो कभी यह तुफान बनकर हमें अपनी दिशा बदलने को कहती है।
यह हमारी सोच के दायरों को तोड़ती है,
और हमारे भीतर छिपी हुई अद्भुत शक्तियों को उजागर करती है।

रचनात्मकता कभी थकती नहीं, कभी रुकती नहीं,
यह निरंतर बदलती है, जैसे जीवन का संगीत।
जब हम खुद को इसकी लहरों में बहने देते हैं,
तो हम दुनिया को नया रूप दे सकते हैं, अपनी अनोखी पहचान से।

भावनात्मक बुद्धिमत्ता

भावनात्मक बुद्धिमत्ता, जैसे एक शांत नदी,
जो अपने भीतर की गहरी भावनाओं को समझने की क्षमता रखती है।
यह न केवल अपने दिल की सुनने की कला है,
बल्कि दूसरों के दिल को भी समझने का एक अद्भुत तरीका है।

यह हमें अपनी भावनाओं को पहचानने,
और उन्हें सही दिशा में प्रकट करने की शक्ति देती है।
कभी यह हमें आत्म-नियंत्रण सिखाती है,
तो कभी यह हमें सहानुभूति और समझ की राह दिखाती है।

भावनात्मक बुद्धिमत्ता हमें यह सिखाती है,
कि हमारी असल ताकत हमारे भीतर छिपी हुई भावनाओं में है।
यह हमारे रिश्तों को मजबूत करती है,
और हमारी समस्याओं को समाधान में बदलने की क्षमता देती है।

जब हम अपनी भावनाओं को समझने लगते हैं,
तो हम दूसरों के साथ बेहतर संबंध बना पाते हैं।
भावनात्मक बुद्धिमत्ता, एक अंतर्दृष्टि है,
जो हमें अपने और दूसरों के मन की गहराई तक पहुँचने का रास्ता दिखाती है।

भाग 10

मानवता और भविष्य

मानवता

मनुष्य का होना, केवल अस्तित्व नहीं,
यह एक संवेदनशीलता है,
जो हर एक श्वास के साथ फैलती है,
जैसे हर वृक्ष के पत्ते एक-दूसरे से जुड़ते हैं।

अंधेरे में प्रकाश की आहट होती है,
सुख और दुख दोनों का समवेदन,
सभी के हृदय में एक ही धड़कन बसी रहती है,
वह धड़कन, जो मानवता के अस्तित्व को पुष्ट करती है।

यह न समाज के नियमों में बंधी है,
न समय की सीमाओं में बंधी है,
यह एक खुला आकाश है,
जिसमें सब एक दूसरे का हिस्सा हैं।

मानवता उस नायक की तरह है,
जो किसी युद्ध के बाद भी शांति का संदेश देता है,
वह न केवल अपने लिए जीता है,
बल्कि सभी के लिए जीता है, ताकि आनेवाला कल बेहतर हो।

तकनीकी विकास

समय के साथ, जैसे नदियाँ रास्ता बदलती हैं,
वैसे ही तकनीकी विकास ने सभ्यता के दिशा-निर्देश बदल दिए हैं।
सपने अब हमारी उंगलियों पर खड़े हैं,
जहाँ एक क्लिक में पूरा संसार सिमट आया है।

यंत्रों में जान है, और इंसानियत भी,
कभी चाँद पर बसी थी हमारी आशाएँ, अब उसमें घर बसाने की चाहत है।
आधुनिकता के इस जादू से,
हम हर कड़ी को जोड़ते चले जाते हैं,
मानवता को साथ लेकर।

विकास के इस संघर्ष में,
क्या हम भूल रहे हैं अपनी जड़ें?
यह सही दिशा का सवाल नहीं,
यह सवाल है कि हम इसे किस दिशा में मोड़ते हैं।

क्या हमारी मशीनें हमें इंसानियत सिखा पाएँगी?
या हम तकनीकी नशे में अपनी पहचान खो देंगे?
यह सवाल है, जो समय के साथ धीरे-धीरे खुलता जाएगा,
तकनीकी विकास और मानवता का मेल या टकराव?

सामाजिक सुधार

समाज की नींव में जो दरारें थीं,
उनमें आशा का बीज बोने की जरूरत थी।
सदी दर सदी, हम सबने देखा,
कैसे नफ़रत और भेदभाव ने हर कदम पर संघर्ष किया।

परंतु परिवर्तन की चिंगारी ने जन्म लिया,
कुछ आत्माएं जगीं, कुछ आवाज़ें उठीं।
गांधी की सादगी, भीमराव की वाणी,
भगत की चेतना ने जगाया हर एक को।

सामाजिक सुधार केवल एक विचार नहीं,
यह एक तपस्वी कार्य है, जो मनुष्य को मानवीयता की ओर ले जाता है।
जब स्त्री को समान अधिकार मिले,
जब दलितों को सम्मान मिलें, तब समाज में सुधार हो।

यह कार्य न सिर्फ आन्दोलनों का है,
यह हमारे दिलों में बसने वाली सच्ची भावना का है।
समाज को बदलने के लिए, हमें खुद को बदलना होगा,
तभी हम सच्चे सामाजिक सुधार की ओर बढ़ पाएंगे।

भविष्य

कभी अज्ञेय था, अब उजागर है हर कदम,
भविष्य वह पंछी है, जो आज़ादी से उड़ता है।
यह न तो आज में बसा है, न कल में,
यह एक अदृश्य धारा है, जो समय की धाराओं से बंधी नहीं।

कल्पनाओं की ऊँचाइयाँ, विज्ञान की सीमाएँ,
हर मोड़ पर कुछ नया प्रतीक्षारत होता है।
सपने नए आकार लेते हैं, और यथार्थ को परिभाषित करते हैं,
हमारे हाथों में हैं वह चाभियाँ, जो बंद दरवाजों को खोल सकती हैं।

भविष्य केवल टेक्नोलॉजी का नहीं,
यह इंसानियत के परीक्षण का है।
हमारी सभ्यता की दिशा उसी दिशा में जाएगी,
जहाँ हमारा ध्यान, हमारा दृष्टिकोण और हमारी जिम्मेदारी होगी।

क्या हम उन ऊँचाइयों तक पहुँच पाएंगे,
जो हमने अपनी आँखों में देखी हैं?
क्या हमारी हर कोशिश, हर संघर्ष,
भविष्य को एक उज्जवल आकार देने में सक्षम होगी?

यूटोपिया

यह एक सपना है, जिसे हम पलकों पे सहेजे हैं,
एक दुनिया, जहाँ हर दिल में शांति का संगीत बजता हो।
नफ़रत, द्वेष, और संघर्षों का कहीं नामो-निशान न हो,
सभी रंगों में बसी एक साझी मानवता हो।

जहाँ हर बच्चे के हाथ में किताब हो,
जहाँ हर चेहरे पर मुस्कान हो,
एक ऐसा संसार, जहाँ भूख, गरीबी और युद्ध न हो,
कभी ना कहीं अंधकार हो, हर ओर केवल उजाला हो।

यह यूटोपिया एक आदर्श है,
जिसे हम सपना मानते हैं, फिर भी उससे उम्मीद रखते हैं।
क्या हम इसे पा सकते हैं?
क्या हमारी चेतना का फैलाव इसे संभव बना पाएगा?

कभी-कभी यूटोपिया केवल विचारों तक सीमित होता है,
पर क्या ये विचार, हमारे कर्मों से आकार नहीं ले सकते?
यह न केवल सपना है,
बल्कि यह हमारे भीतर की संभावना का प्रतीक है,
जो हमें हर दिन एक बेहतर संसार बनाने के लिए प्रेरित करता है।

संघर्ष और समाधान

संघर्ष वह चिरपिंग आवाज है,
जो चट्टानों में समा जाती है,
वह अनकहे शब्द, जो दिलों में दबे रहते हैं,
हर कठिनाई एक नई परीक्षा होती है।

समझौते के रास्ते बंद नहीं होते,
बल्कि हम उन्हें खुद तलाशते हैं।
हर जंग, एक शिक्षक की तरह होती है,
जो हमें सिखाती है, कि अंत में शांति ही सबसे मजबूत हथियार है।

समाधान किसी जादू से नहीं आता,
यह आत्म-संयम और समझ से जन्म लेता है।
जब हम अपने भीतर के गहरे संघर्ष को पहचानते हैं,
तभी हम उसे शांति से सुलझा सकते हैं।

समझने की प्रक्रिया में ही समाधान छिपा है,
जहाँ हम दूसरे के दृष्टिकोण को समझते हैं,
वहाँ हर टकराव का एक रास्ता मिलता है।
संघर्ष खत्म नहीं होता, जब तक हम उसे समाधान से गले नहीं लगाते।

वैशिक शांति

यह कोई दूर का सपना नहीं,
यह हर दिल में बसने वाली एक आवाज़ है,
जिसे हम सुनने की कोशिश करते हैं,
जब हर देश, हर मानवता एक हो।

जब सीमाएँ मिट जाएँ और दिलों के दरवाजे खुले,
तब नफ़रत और हिंसा का कोई स्थान नहीं रहेगा।
हमारे बीच का अंतर केवल विचारों का होगा,
जो एक-दूसरे को समझने की राह दिखाएगा।

वैशिक शांति केवल सत्ता के झगड़े नहीं,
यह एक समझौते का नाम है,
जहाँ मानवता का सर्वोच्च मूल्य होगा,
और हर कदम में हर व्यक्ति की गरिमा होगी।

यह शांति तब तक असंभव लगेगी,
जब तक हम खुद को न बदलें,
जब तक हम अपने भीतर के द्वार न खोलें,
तभी शांति का संदेश दूर-दूर तक गूंजेगा।

यदि हम हर कदम में सम्मान की राह पर चलें,
तो वैशिक शांति किसी कल्पना से कम नहीं होगी।
यह सत्य है, कि दुनिया बदलने की शक्ति हमारे भीतर है,
और वह शक्ति शांति का ही स्वरूप होगी।

प्रेम का विस्तार

प्रेम कोई सीमित भावना नहीं,
यह आकाश की तरह अनंत है,
हर रेशे में, हर श्वास में,
यह अपना विस्तार करता जाता है।

यह न केवल एक रिश्ते का नाम है,
यह हर जीवित दिल की धड़कन है,
जब हम किसी से बिना शर्त जुड़ते हैं,
प्रेम तब खुद को नयी ऊँचाइयों पर ले जाता है।

प्रेम एक नदी है, जो कभी रुकी नहीं,
यह रास्ते बदलता है, पर कभी थमता नहीं,
कभी एक माँ की गोदी में,
कभी एक मित्र के हाथों में,
कभी अनदेखे चेहरे में साकार होता है।

प्रेम वह बंधन है, जो दिलों को जोड़ता है,
यह सिर्फ शब्दों से नहीं, क्रियाओं से प्रकट होता है।
जब हम दूसरों के दर्द को समझते हैं,
जब हम बिना किसी स्वार्थ के मदद करते हैं,
तब प्रेम का विस्तार सबसे सुंदर रूप में दिखाई देता है।

प्रेम का विस्तार तब तक अनंत है,
जब तक हम इसे बांधने की कोशिश नहीं करते,
यह जैसे सूरज की किरणों में बिखर जाता है,
और हर एक स्थान, हर एक अस्तित्व में समाहित हो जाता है।

स्थिरता

यह न तो किसी तूफ़ान का नाम है,
न ही शांति के क्षणों में बसी एक साधारण राह,
स्थिरता एक गहरी जड़ की तरह है,
जो बिना हिलें, बिना थमें, अपनी जगह पर खड़ी रहती है।

जब जीवन के सारे रंग बदलते हैं,
जब आंधियाँ अपनी शक्ति से सब कुछ पलट देती हैं,
स्थिरता तब भी बनी रहती है,
जैसे नदी के तल में सोने की चुप्प है,
जो बिना शोर किए, अपना मार्ग बनाती है।

यह समय के साथ ढलती नहीं,
बल्कि समय को खुद अपनी लय में ढाल लेती है।
स्थिरता केवल बाहरी परिस्थितियों में नहीं,
यह मन की शांति और आत्मविश्वास में बसी होती है।

जब हमें खुद पर भरोसा होता है,
जब हम अपने कदमों में संतुलन बनाए रखते हैं,
तो जीवन की हर राह स्थिर हो जाती है,
जैसे एक बर्फ़ीला पहाड़ अपनी चोटियों में अडिग रहता है।

यह न केवल बाहरी दुनिया का संघर्ष सुलझाता है,
बल्कि भीतर के हर उथल-पुथल को भी शांत करता है।
स्थिरता में ही असली शक्ति छिपी है,
यह जीवन को एक स्थायी शांति और संतुलन प्रदान करती है।

नई शुरुआत

हर टूटे हुए क्षण के बाद,
एक नया सूरज उगता है,
जैसे रात की अंधेरों में एक छोटा सा दीपक,
नए विश्वास के साथ अपनी रौशनी बिखेरता है।

नई शुरुआत वह पल है,
जब अतीत के बोझ को छोड़कर,
हम अपनी राह खुद बनाने की उम्मीद रखते हैं,
सपनों को साकार करने का साहस रखते हैं।

यह न केवल समय की घड़ी को पलटना है,
यह एक नये दृष्टिकोण से दुनिया को देखना है,
जो कल नहीं हो सकता था,
वह आज संभव है,
अगर हम दिल से चाहें।

नई शुरुआत में डर नहीं,
बल्कि अनगिनत अवसर होते हैं,
जो हमें अपनी सच्चाई और सपनों तक ले जाते हैं,
यह न केवल एक परिवर्तन है,
यह एक यात्रा है, जो हमें नया बनाती है।

हर एक कदम एक नया द्वार खोलता है,
हर एक विचार हमें नयी दिशा देता है,
और जब हम खुद से ये वादा करते हैं,
तब हम नई शुरुआत की दिशा में बढ़ते हैं,
जहाँ कुछ भी असंभव नहीं होता।